नरेन्द्र नाथ

नरेन्द्र नाथ का जन्म सन् 1942 में हुआ। दिल्ली विश्वविद्यालय और टोरंटो से इतिहास व राजनीतिशास्त्र पढ़ने के बाद उन्होंने सिराक्यूज़ विश्वविद्यालय से समाजशास्त्र में पी-एच.डी की। उनकी अभिरुचियों और लेखन का दायरा काफ़ी विविध रहा। उनके शोध का विषय जेंडर के परिप्रेक्ष्य में परिवार, शिक्षा व पाठ्यपुस्तकों का विश्लेषण करना था। उन्होंने बफ़लो (न्यूयॉर्क) के स्टेट यूनिवर्सिटी कॉलेज में समाजशास्त्र का अध्यापन किया। दूसरी ओर साहित्य मे गहरी दिलचस्पी होने के चलते उन्होंने पाकिस्तानी उर्दू शायरी के पाँच संकलन हिंदी मे प्रकाशित किए। सत्तर-अस्सी के दशक में दक्षिण एशिया के प्रवासियों के लिए टोरंटो से प्रसारित होने वाले वॉयस ऑफ़ इंडिया नामक चैनल के कार्यक्रम 'सोच-विचार' और 'ख़बर' का निर्माण किया और प्रस्तुति भी की। यह कार्यक्रम समाज, राजनीति व संस्कृति से जुड़े लोकरुचि के मुद्दों पर आधारित थे और अत्यंत लोकप्रिय रहे। उन्होंने दर्जनों किताबों और पत्रिकाओं के लिए अकादमिक लेखन किया।

उनकी प्रमुख कृतियाँ हैं—'नौ बरस' (उपन्यास), 'सेक्सिज़म इन इंडियन एजुकेशन : द लाइज़ वी टेल आवर चिल्ड्रन' (1979), 'पाकिस्तान से ताज़ा ग़ज़लें', 'फ्रॉम सेक्सिज़म टू एक्वॉलिटी : अ हैंडबुक ऑन हाऊ टू एलिमिनेट सेक्सिस्ट बायस फ्रॉम आवर टेक्स्टबुक्स' (1986), 'पाकिस्तानी उर्दू शायरी' (पाँच भाग)।

सन् 1998 में लंबी बीमारी के बाद उनका निधन हुआ।

पाकिस्तानी उर्दू शायरी

खंड-4

सम्पादक

नरेन्द्र नाथ

राधाकृष्ण पेपरबैक्स

पहला पुस्तकालय संस्करण
राधाकृष्ण प्रकाशन प्राइवेट लिमिटेड
1984 में प्रकाशित

राधाकृष्ण पेपरबैक्स में
पहला संस्करण : 2024

राधाकृष्ण पेपरबैक्स : उत्कृष्ट साहित्य के जनसुलभ संस्करण

राधाकृष्ण प्रकाशन प्रा. लि.
जी-17, जगतपुरी, दिल्ली-110 051
द्वारा प्रकाशित

शाखाएँ : अशोक राजपथ, साइंस कॉलेज के सामने, पटना-800 006
पहली मंजिल, दरबारी बिल्डिंग, महात्मा गांधी मार्ग, प्रयागराज-211 001
1, अनमोल सोराबजी सन्तुक लेन, धोबी तलाव, मरीन लाइंस, मुम्बई-400 002
वेबसाइट : www.radhakrishnaprakashan.com
ई-मेल : info@radhakrishnaprakashan.com

विकास कंप्यूटर एंड प्रिंटर्स
ट्रॉनिका सिटी-201 102
द्वारा मुद्रित

मूल्य : ₹250

PAKISTANI URDU SHAYARI (Vol. 4)
Edited by Narendranath

ISBN : 978-81-19989-33-1

सम्पादक का बयान

इस संकलन के विभिन्न खंडों में कवियों के जीवन वृत्त लिखते समय दूसरे विद्वानों की टिप्पणियों को ले कर हमारे सामने दो विकल्प थे : (1) विद्वानों के वक्तव्य अक्षरशः उद्धृत कर दें, (2) उद्धरणों का रूपांतर दें। हमने ज़्यादातर टिप्पणियों का रूपांतर किया है क्योंकि उर्दू की गद्य शैली में आज भी अक्सर, आधुनिक कहे जाने वाले आलोचक तक, 'चौरासी वैष्णवों की वार्ता' वाली गद्य शैली में, जो बात सीधे, कम शब्दों में कही जा सकती है उसे भी—हिन्दी के कई (लेकिन अपेक्षतया कम) आलोचकों की तरह—ज़रूरत से ज़्यादा घुमा-फिरा कर कहते हैं। आपको इस क़िस्म की गद्य शैली का ज़ायका दिलवाने के लिए हमने कुछ उद्धरण प्रस्तुत ज़रूर किये हैं, लेकिन सिर्फ़ नमूने के तौर पर। अधिकांश उद्धरणों का रूपांतर कर दिया है। कहीं-कहीं, उद्धरण चिह्नों में होने के बावजूद, अप्रचलित उर्दू शब्दों की जगह प्रचलित हिन्दी शब्द दे दिये गए हैं। लेकिन रूपान्तर करते समय हमने पूरा ख़याल रखा है कि विद्वानों की इन टिप्पणियों का मूल आशय और अभिप्राय बरक़रार रहे।

लेखकों के परिचयों में भी थोड़ा असन्तुलन है; भाषा, शैली, आकार—अलग-अलग हैं। कुछ जीवनियाँ छोटी हैं, कुछ लंबी; कईयों की भाषा फ़ारसी-मिश्रित है और कइयों की संस्कृतनिष्ठ खड़ी बोली। कहीं खुलासा हाल बयान किया गया है, तो कुछ जीवनियों में लेखक के व्यक्तित्व और जीवनी से संबंधित घटनाओं का उल्लेख तक नहीं है। इस असंतुलन का कारण सुस्ती नहीं, सूचनाओं का अभाव है। शोध के दौरान

हमने कई किताबों में लेखक का परिचय तो दूर, प्रकाशन तिथि तक नदारद पाई। हमने कोशिश की कि लेखकों से संपर्क साध कर सूचना प्राप्त करें। लेकिन देशांतर के कारण कभी-कभी ये न हो सका।

इस सीरीज़ के लिए सन् 1985 में मैं एक बार फिर और अब्दुल मुग़नी चार महीने के लिए पाकिस्तान गए थे। पिछले खंडों की तरह, इस किताब के लिए भी मूल शोध मुग़नी साहिब ने ही का है। संपादन में सहयोग द्विजेन्द्र और मुकुल प्रियदर्शिनी का है। और उस अनुपस्थिति का जिसे ख़तों का इन्तज़ार रहने के बावजूद मेरे स्पर्श के बिना नींद भी आ सकती है।

—नरेन्द्र नाथ

क्रम

जमील मलिक

जमील मलिक का जन्म 12 अगस्त, 1928 को रावलपिंडी में हुआ।

शिक्षा : इस्लामिया हाई स्कूल, रावलपिंडी, गोर्डन कॉलेज से एम.ए. (उर्दू), पंजाब यूनिवर्सिटी से पत्रकारिता में डिप्लोमा, सेंट्रल ट्रेनिंग कॉलेज, लाहौर से बी.ए. और फ़ारसी में एम.ए.। पढ़ाई ख़त्म करने के बाद कुछ अरसा रावलपिंडी से निकलने वाले दैनिक अख़बार 'बाद-ए-शुमाल' में बतौर सब-एडीटर रहे। लेकिन जल्द ही कॉलेज की दुनिया में लौट आए। फिर एफ.जी. सर सय्यद कॉलेज, रावलपिंडी में उर्दू विभाग के अध्यक्ष रहे।

अपने लेख 'जियाला' में अहमद ज़फ़र ने जमील मलिक का परिचय यूँ दिया है, "मैं उसे बचपन से जानता हूँ। वो भी मुझे बचपन से जानता है। मैं इस तरह कि वो बचपन में बग़ैर फुंदने की रूमी टोपी पहना करता था चाहे मौसम कितना ही गर्म क्यों न हो। मैं नंगा ही गली में खेलने के लिए आता था। लोग जो कुछ करते हैं जवानी में करते हैं और बाक़ी ज़िंदगी तजुर्बात समेटने में गुज़ार देते हैं। उसने जो कुछ करना था बचपन में कर लिया और बचपन में ही तौबा कर ली। हालाँकि वो जवानी में तौबा करके पैग़ंबर बन सकता था। मगर उसे तो कुछ और बनना था और फिर—शायरी जुज़्वेस्त अज़ पैग़ंबरी[1] भी तो है। इसके बाद जो हमारी मुलाक़ात हुई तो अब हम पड़ोसी नहीं हम-जमात[2] थे। हमारा ज़्यादातर वक़्त एक स्कूल में पढ़ते हुए भी अलग-अलग गुज़रता। मैं उसे देखता तो सोचता, ये वही मेरा पड़ोसी है जो बग़ैर फुंदने की एक बड़ी-सी रूमी टोपी को ज़िंदगी की सबसे बड़ी ज़रूरत समझता है। और वो भी ग़ालिबन यही सोचकर रह जाता कि ये वही लड़का है जो बचपन में नंगा ही गली में निकल आता था। मौलवी ज़िया-उद्दीन हमारे फ़ारसी के उस्ताद थे। शेर-ओ-शायरी में उन्हें बड़ी दिलचस्पी थी, कहने लगे, "तुम इस

---

1. काव्य ईश्वरीय ज्ञान का ही अंश है 2. सहपाठी

शेर का मतलब लिखो ताकि मालूम हो सके कि हमारे इज़हार में कहाँ-कहाँ ख़ामियाँ हैं।" शेर था :

ख़ालिदा चमकी न थी इंगलिश से जब बेगाना थी
अब है शम्अ-ए-अंजुमन पहले चराग़-ए-ख़ाना थी

(ख़ालिदा को जब तक अंग्रेज़ी न आती थी, वो निहायत घरेलू औरत थी। लेकिन अब अंग्रेज़ी सीखकर सोसायटी की बुलबुल हो गई है)

"इस मुकाबले में हम दोनों को तमाम लड़कों से ज़्यादा नम्बर मिले। लेकिन मौलवी साहब ने ये भी कहा कि 'मैं कुछ कह नहीं सकता कि तुम दोनों में क्या फ़र्क़ है। बहरतौर तुम दोनों की तशरीह सब लड़कों से बेहतर है।' शायद मौलाना की मुराद में वही फ़र्क़ था कि बग़ैर फुंदने की रूमी टोपी और नंगे गली में खेलने के लिए आ जाना। मैट्रिक के बाद जब हम दोबारा मिले तो उसने मेरी शायरी का हालचाल पूछा। फिर ये बताया कि उसे भी ये मर्ज़ हो गया है और फिर अपनी एक लंबी ग़ज़ल लहक-लहक कर सुनाई। मैंने कहा, 'यार, क्लास में तो तुम मेरे क़रीब नहीं आते थे।' वह कहने लगा, 'यार, मैं डरता था। मैं तुम्हें गुंडा समझता था।' और इस तरह हम बचपन के पड़ोसी और सहपाठी जवानी के दोस्त बन गए। शायरी हमारी दोस्ती का आधार बनी। मदरसे और घर में उसका नाम अब्दुल जमील था और जब उसने शेर कहने शुरू किये वो सिर्फ़ जमील रह गया। और जब उसके अशआर पब्लिक में आए तो वो जमील मलिक था।

"जमील की ज़िंदगी छोटे-बड़े तूफ़ानों का मजमुआ है। उसने देखा कि उसकी जवान बहनें उसके सामने दम तोड़ गईं। उसके वालिद बीमारी के बिस्तर पर पड़े-पड़े दम तोड़ गए। उसके फ़नकार मामू, जवान भाभियाँ एक के बाद एक स्वर्ग सिधारीं। दूसरे लफ़्ज़ों में जमील ने अपने ख़ानदान में ऐसे हादसात देखे कि एक हस्सास ज़ह्न पागल हो सकता था। मगर वो बड़े से बड़े तूफ़ान से पंजा लड़ा गया। डॉक्टरों ने बहुत पहले उसे कहा था कि अगर वो अपनी सेहत का ख़याल नहीं रक्खेगा तो जल्द अपने ख़ानदान के दूसरे लोगों की तरह मौत की आग़ोश में चला जाएगा। और जमील आज बहुत से डॉक्टरों से कहीं ज़्यादा सेहतमंद है। जमील उन मंज़िलों से गुज़रा है कि एक आम आदमी होता तो हालात शायद बहुत पहले उसे निगल गए होते। मगर उसने हालात का डट कर मुक़ाबला किया। बचपन में ही जहाँ उसने डॉक्टरों के मशवरे पर अमल करना शुरू कर दिया, वहाँ उसने अपने माहौल पर भी एक गहरी नज़र डाली।

उसे तमाम समाज में बीमारी और दुख जगह-जगह मिले। मगर मुआशरे की बीमारियों ने उसे गौतम नहीं बनने दिया। बल्कि ये सोचने पर मजबूर किया कि मुआशरे में रह कर भी उसे समाज के दुख-दर्द को दूर करना है।

“जमील ने अपनी इस सोच की भारी क़ीमत अदा की। उसने अपनी सोच की क़ुर्बान-गाह पर अपनी ज़िंदगी और सुनहरे भविष्य की भेंट दी। मगर ज़माने को इससे क्या सरोकार? क्योंकि ज़माने में ‘हाथी के दाँत खाने के और दिखाने के और’ पर ज़्यादा अमल होता है, सच्चाई को कोई नहीं पूछता। जमील ने औरत से मुहब्बत की तो उसी ख़ुलूस के साथ जिस ख़ुलूस के साथ उसने फ़न से मुहब्बत की है, एक घर बसाने के जज़्बे से मुहब्बत की है, एक नज़रिये से मुहब्बत की है। वो अपने आदर्श को कभी नहीं भूला। उसका आदर्श है सच्चाई, ख़ुलूस और नेकी से मुहब्बत। और ये महसूस करते हुए भी कि इस आवाज़ का साथ कोई दूसरी आवाज़ मुश्किल ही से देती है, उसने अपने चरित्र को बदलना तो क्या बदलने के बारे में कभी सोचा तक नहीं। वो ज़िंदगी की अज़मत के साथ-साथ फ़न की अज़मत[1] का भी इंतिहाई[2] गिरवीदा[3] है और उसको पुर-शिकोह देखने के लिए बड़ी से बड़ी क़ुर्बानी देने से गुरेज़[4] नहीं करता। उसकी ज़िंदगी की तरह उसका फ़न भी मुख़्तलिफ़[5] मनाज़िल[6] से गुज़रा है और हर संग-ए-मील[7] पर उसने पीछे मुड़ कर देखा है। अपनी फ़न्नी[8] मनाज़िल का जायज़ा लिया है और अपनी फ़न्नी मसाफ़त[9] के नशेब-ओ-फ़राज़[10] को हर तरह परखा है और फिर आगे बढ़ गया है। अगर किसी ने कहा कि जमील का फ़न, फ़न नहीं है तो वो झुँझलाया नहीं। एक अज़ली[11] और अबदी[12] मुस्कुराहट उसके लबों पर फैल गई और वो अरूस-ए-फ़न[13] को निखारने-सँवारने में फिर उसी इनहिमाक[14] से आगे निकल गया जिस इनहिमाक से उसने अपने अदबी सफ़र का आग़ाज़ किया था। अगर किसी ने कहा कि जमील की ज़िंदगी भी कोई ज़िंदगी है वो एक बे-ख़ानुमाँ[15] है तो उसने ग़ालिब की तरह कभी ये नहीं कहा ‘काश लुटाता न घर को मैं’ बल्कि इसे अपनी ही ‘बेवकूफ़ी’ कहा है और इस तरह उसके होंटों पर फिर वही मुस्कुराहट फैल जाती है जो उसकी ज़िंदगी की जन्नत है, फ़न की रौशनी है। आज वो लोग और उनकी आवाज़ें गुम हो गई हैं जो उसे कभी आम फ़नकार होने, ज़िंदगी में बुज़दिल होने, या ख़ानुमाँ-ख़राब होने के

---

1. महानता 2. अत्यधिक 3. मोहित, प्रेमी 4. उपेक्षा 5. विभिन्न 6. मंज़िल का बहुवजन 7. मील का पत्थर 8. कला से संबंधित 9. दो स्थानों के बीच की दूरी, यात्रा 10. ऊँच-नीच 11. अनादि काल से संबद्ध 12. नित्य की 13. कला की दुलहिन 14. तन्मयता 15. जिसका घर-बार नष्ट हो गया हो

ताने देती रही हैं और जमील अपने फ़न की अज़मत के लिए शब-ओ-रोज़[1] इनहिमाक से आगे बढ़ रहा है। और मैं सोचता हूँ क्या ये वही जमील मलिक है जो बचपन में मेरा पड़ोसी था जो बग़ैर फुंदने की एक लम्बी रूमी टोपी पहना करता था जो उसके लम्बे क़द को और भी लम्बा कर, देती थी। और मैं अब ये तआरुफ़[2] लिखकर यूँ महसूस करता हूँ जैसे नंगा ही गली में आ गया हूँ।"

यहाँ हिंदी पाठकों को ये बता देना ज़रूरी है कि जिन दिनों जमील मलिक ने लिखना शुरू किया, उर्दू साहित्य का प्रगतिशील आंदोलन उठान पर था। वे एक लम्बे अरसे तक उन शायरों की क़तार में रहे जिन्हें आलोचक प्रगतिवाद की मिसाल बनाकर पेश करते थे। लेकिन उनका प्रगतिशीलन पार्टी-लाइन से अलग, स्वतंत्र चिंतन का उपार्पण था, राजनीतिक पिछलग्गूपन नहीं। उनकी लेखनी न तिजारत का शिकार हुई न ही उन्होंने अपना दुनियावी रुसूख़ भुना कर वो सुविधाएँ हथियाने की कोशिश की, जिन्हें भारत और पाकिस्तान के कई नामी तरक़्क़ीपसंदों ने सियासी हथकंडों से दनादन दबोचा।

इसीलिए जमील मलिक की सैद्धांतिक यात्रा में परिवर्तन के कई मोड़ आए। मिसाल के तौर पर जब लाहौर में, 1949 में पाकिस्तानी प्रगतिवादियों का पहला सम्मेलन हुआ, तो दो ख़ेमे खड़े हुए थे : एक, उन साम्यवादियों का जो कविता और प्रोपेगंडे में ज़्यादा फ़र्क़ नहीं मानते थे। दूसरे वे जो कम्युनिज़्म के हिंसात्मक अतिवाद से खिन्न हो चले थे।

जमील मलिक के प्रतिबद्ध साम्यवादी दृष्टिकोण ने ऊँच-नीच की दीवार खड़ी करने वाली सत्ताओं और सोच पर सतत चोटें की। लेकिन प्रगतिवाद आंदोलन के आकाओं की खाँव-खाँव में उन्हें ये भी लगा कि वे किसी विचारधारा के सरकारी संवाहक या संतरी होने के लिए नहीं बने। उन्होंने तो अपने आदर्शों के सामाजिक क्रियान्विकरण के लिए प्रगतिवाद को चुना था। उन्हें लगा कि प्रगतिशील लेखकों की धाँसू धड़ेबाज़ी में धँसी हुई धमधम धमाचौकड़ी उन्हें राजनीतिक चौधरी भले ही बना दे, वह उनकी काव्यात्मक अभिव्यंजना को वैचारिक विस्तार से काटकर एक सँकरे गमले की गाँठों में भी बाँध देगी। वे प्रगतिशील ग्रुपबंदी के गंजिफ़े[3] से अलग हो गए। इस फैसले के बाद रची गई जमील मलिक की ग़ज़लें किसी समूहगान की बजाय एकांकी स्वतंत्रता का संयोजन हैं :

बाहर गली में आ गए घर अपना छोड़कर
आज़ाद कितने हो गए आईने तोड़कर

1. रात-दिन 2. परिचय 3. ताश जैसा एक खेल जिसे गोल आकार के 96 पत्तों से खेला जाता था

अनवर सदीद लिखते हैं : "जमील मलिक का शेरी ख़मीर[1] पोठूहार[2] की धरती से उठा है, इसलिए उसमें खुरदरी सच्चाई को बेबाक अंदाज़ में बयान करने का अंदाज़ नुमायाँ है। नज़रिया उनके यहाँ मौजूद ज़रूर है लेकिन वह पढ़ने वाले पर चीख़ता-चिंघाड़ता हुआ हमलाआवर नहीं होता, शबनम की बूँद बनकर बिखरता है।" जमील शिष्ट और मृदुभाषी हैं। संबोधन की जो सुरीली शालीनता उनकी बातचीत में मुखर होती है, वही आपको उनकी कविताओं में मिलेगी। संकलन हैं : 'सर्व-ए-चराग़ाँ', 'तुलू-ए-फ़र्दा', 'पर्दा-ए-सुख़न'।

13 नवंबर, 2001 को इनका निधन हो गया।

1. काव्य का अंतर्वेग 2. रावलपिंडी और झेलम के आसपास का इलाक़ा

दवाम

कभी तुम भी आओ
मेरे पास बैठो
मेरे साथ दुख-सुख की बातें करो
अपने दिल की कहो, मेरे दिल की सुनो
और बातें भी जब ख़त्म हो जाएँ तो
मेरे बेताब सीने पे सर रख के एक-एक धड़कन गिनो
रात भीगे तो तुम भी किसी लम्हा-ए-जाविदां[1] की तरह
शब के पुरसोज़[2] सीने में शबनम की मानिंद तहलील[3] हो जाओ
मुझको भी ख़्वाहिश के तारीक ज़िंदां[4] से आज़ाद कर दो

अगर ज़िंदगी के तसलसुल[5] का हासिल यही फ़ुर्सत-ए-यक-नफ़स[6] है
तो फिर क्यों न हम एक हो जाएँ
इस मौत और ज़िंदगी की कशाकश[7] से दामन छुड़ाकर
अज़ल[8] और अबद[9] से परे
रूह की बेकराँ धुंद में जा मिलें
और फिर
मौत भी ज़िंदगी बन के अपने तआक़ुब[10] में आए
तो ख़ुद रास्ता भूल जाए

---

1. अनश्वर क्षण 2. जलते हुए 3. विलय 4. अँधेरा कारागार 5. निरंतरता 6. एक साँस (पल) की फ़ुर्सत 7. संघर्ष 8. अनादि काल 9. अनंत काल 10. पीछे भागना

आफ़ाक़ीयत

परिंदे कैसी-कैसी बस्तियों से उड़ के आते हैं!
ज़मीं पर जाल के मानिंद फैली सरहदों को काटकर
ये गहरे मीठे पानियों के तेज़-रौ दरिया
जो दिल सदियों से बिछड़े हैं उन्हें पल में मिलाते हैं
ये बादल आज इस बस्ती में हैं
कल दूसरी बस्ती में होंगे
लेकिन इनका सुरमई आँचल सभी पर साया-अफ़गन[1] है
फ़लक[2] ने कैसा उजला नीलमीं
ये शामियाना-सा ज़मीं पर तान रक्खा है
मगर इस शामियाने के तले तो एक ही मख़लूक़[3] हँस्ती-बोलती मख़लूक़ रहती है
जिसे इनसान कहते हैं
फिर इस इनसान में ये दूरियाँ, ये फ़ासिले क्यों हैं!
जब हर बस्ती में ये सूरज, यही तारे, यही महताब रौशन हैं
तो फिर ये रंग-ओ-नस्ल-ओ-ख़ौफ़ के कैसे अँधेरे हैं!
ये सारे तिफ़रक़े[4] क्यों हैं?
बहारें जब ज़मीं से फूटती हैं
जब हवाएँ सारी दुनिया में
मुहब्बत की, वफ़ा की, अम्न की ख़ुशबू लुटाती हैं
तो फिर हम किसलिए आपस में लड़ते हैं!
अगर कोई शिकारी छुप के बैठा है
रुपहली साज़िशों के जाल बुनता है
तो क्यों हम लोग मरते हैं।

ये चारों सम्त फैली कायनात इक ऐसी ठंडी रौशनी
इक ऐसी भीनी नर्म ख़ुशबू है
जो अपनी थी, जो अपनी है
यही मैं हूँ, यही तू है
इसी में डूबकर उभरें

---

1. साया डालने वाला, रक्षा और कृपा करने वाला 2. आकाश 3. मनुष्य 4. शत्रुता (बहु.)

कि हम भी नूर ही का एक बेपायाँ समंदर हैं
चलो हम चार सू फैलें, चलो हम हर तरफ़ बिखरें
कि हम ख़ुद लहलहाते फूल हैं, ख़ुशबू का महवर[1] हैं

चिंगारी

वो भी क्या ख़ूब ज़माना था मेरी प्यारी सखी
जब मेरे पास वो हरजाई मेरा चाँद भी था
ज़िंदगी इतनी कठिन इतनी गिराँबार[2] न थी

उफ़ ये ग़ैरों की हँसी हाय ये अपनों के सितम
सब ये कहते हैं कि मेरी ही ख़ता है कोई
वर्ना मुमकिन ही न था उसका अचानक ये फ़रार[3]

मैं यहाँ किससे कहूँ कौन सुनेगा मेरी
मुझको तो बात भी करने नहीं देते ज़ालिम
मैं, कि मजबूर हूँ ठुकराई हुई औरत हूँ

बारहा[4] मैंने ये तन्हाई में सोचा है सखी
क्यों न बेदर्द ज़माने से बग़ावत कर दूँ
ढूँड लूँ और कोई चाँद, अनोखा, प्यारा
दिल की तारीक फ़ज़ाओं को मुनव्वर[5] कर लूँ
सबको मालूम तो हो जाए कि ज़िंदा हूँ अभी

बहार-ख़िज़ाँ

बहार और ख़िज़ाँ ज़िंदगी के दो पहलू
बहार है किसी दुल्हन की आँख का जादू
ख़िज़ाँ, मज़ार है उजड़ी हुई बहारों का
ख़िज़ाँ-नसीब बहारें, न जिनमें रंग न बू

---

1. धुरी 2. बोझ के नीचे दबी हुई 3. पलायन, भागना 4. प्रायः, बार-बार 5. प्रकाशमान

ख़िज़ाँ के नाम से डरता हूँ, काँप जाता हूँ
मगर बहार जब आती है मुस्कराता हूँ
ये इम्तियाज़-ए-बहार-ओ-ख़िज़ाँ[1] है क्यों आख़िर
ये सोचता हूँ तो हर बार मात खाता हूँ

मैं सोचता हूँ कभी, गुलिस्ताँ में कुछ भी नहीं
न गुल न ख़ार न सब्ज़ा-ए-जहाँ में कुछ भी नहीं
बहार और ख़िज़ाँ हैं फ़रेब-ए-फ़िक्र-ओ-नज़र
वगर्ना फ़र्क़ बहार-ओ-ख़िज़ाँ में कुछ भी नहीं

नज़र-फ़रेब है कितना बहार का जोबन
मैं जानता हूँ कि जोबन बहार का है कफ़न
कफ़न, कि जिसमें है दुबकी हुई ब-रंग-ए-ख़िज़ाँ
बहार के दिल-ए-मुज़्तर[2] की बेसदा[3] धड़कन

बहार आ के मुझे गुदगुदा ही जाती है
ख़िज़ाँ जब आती है आकर रुला ही जाती है
मैं जानता हूँ बहार-ओ-ख़िज़ाँ में फ़र्क़ नहीं
मगर नज़र है कि धोके में आ ही जाती है

धूप-छाँव

बज़ाहिर हँस रहा हूँ और दिल में सोचता हूँ मैं

कहीं अपनी हँसी पर मुझको रोना ही न आ जाए
कहीं लहरा न जाएँ रूह पर यास-आफ़रीं[4] साये

ये बोझिल-सा ख़याल आते ही ग़मगीं हो रहा हूँ
हँसी गुम हो गई है दिल ही दिल में रो रहा हूँ मैं

मगर अब सोचता हूँ ग़म भी आख़िर इक हक़ीक़त है
ख़ुशी और ग़म, इन्हीं से ज़िंदगी अपनी इबारत[5] है

---

1. वसंत और पतझड़ का भेद 2. व्याकुल मन 3. बेआवाज़ 4. निराशा उत्पन्न करने वाले 5. सुसज्जित

अगर ग़मगीन हूँ मैं तो क्या मसर्रत[1] भी तो आएगी
मेरे सब ग़म मिटाएगी मुझे हँसना सिखाएगी

मसर्रत का ख़याल आते ही लो फिर हँस दिया हूँ मैं

ख़म्याज़ा[2]

मेरे माहौल में नफ़रत के सिवा कुछ भी न था
मैंने सोचा था मुहब्बत की जला कर क़ंदील
सब के तारीक ख़यालों में ज़िया[3] भर दूँगा
एक भी दिल में हक़ारत[4] न रहेगी बाक़ी

किसको मालूम था माहौल का बे-रहम इताब
मेरे रंगीन तसव्वुर को कुचल डालेगा
मेरे दिल में भी जला देगा हक़ारत के चराग़
रौशनी जिनकी मेरी रूह को धुँदला देगी
मैं हर इनसान पे बिगड़ूँगा सितम तोड़ूँगा
जैसे दुनिया में सभी लोग मेरे दुश्मन हैं
कोई भी मूनिस-ओ-ग़म-ख़्वार[5] नहीं है मेरा
और हक़ारत की इसी आग में जलते-जलते
राख बन जाऊँगा, उड़ जाऊँगा, मिट जाऊँगा

उफ़ ये माहौल की शबरंग[6] भयानक तसवीर
किसलिए नाचती-फुनकारती नागिन की तरह
बे-गुनाहों को शब-बो-रोज़[7] डसा करती है

मुजरिम

ये कायनात[8] अगर तेरे बस का रोग नहीं
तो कायनात बनाई थी किसलिए तूने

---

1. ख़ुशी 2. परिणाम 3. प्रकाश 4. तिरस्कार, अपमान 5. मित्र और सहानुभूति करने वाला
6. काले रंग की 7. रात-दिन 8. ब्रह्मांड

इसे बसा के अगर यूँ उजाड़ देना था
तो अंजुमन[1] ये सजाई थी किसलिए तूने?

ये आदमी के गुनह की सज़ा सही लेकिन
इसे गुनाह का एहसास क्यों दिया तूने
बना के बरतर-ओ-आला[2] तमाम चीज़ों से
बशर[3] को माइल-ए-पैकार[4] क्यों किया तूने?

ख़ता मुआफ़, बशर का कोई क़ुसूर नहीं
तेरे इताब[5] ने नाहक़[6] बशर को घेरा है
सुबूत-ए-जुर्म नहीं है तो फिर सज़ा कैसी?
गुनाह तूने किया है क़ुसूर तेरा है??

बरखा के लाखों ही तीर

(गीत)

बरखा अपनी धुन में गाए
आग लगाए, आग बुझाए
ख़ुद रोए और सबको रुलाए
छलनी-छलनी करती जाए
एक मैं उसके मेरे नीर
बरखा के लाखों ही तीर
क्या जंगल और कैसा सावन
मुझसे रूठ गए मन भावन
मैं तन्हा और लंका दुश्मन
इक सीता और कितने रावण
साँप है पाँव में ज़ंजीर
बरखा के लाखों ही तीर
अँसुअन डूबन लागी नैया
पागल मन का कौन खिवैया

1. सभा 2. श्रेष्ठ 3. मनुष्य 4.जंग के लिए आमादा 5. क्रोध, प्रकोप 6. अकारण

छोड़ गए सब बहना-भैया
कब आओगे कृष्ण-कन्हैया
बारिश में भी जले सरीर
रिखा के लाखों ही तीर
जोगन बन कर घर-घर जाऊँ
निस दिन रंग-भभूत लगाऊँ
गलियाँ जल-थल राह न पाऊँ
किस पानी से प्यास बुझाऊँ
माँझी पास न पीर-फ़क़ीर
बरखा के लाखों ही तीर

1

जो ख़याल आया, तुम्हारी याद में ढलता रहा
दिल चराग़-ए-शाम बन कर सुब्ह तक जलता रहा

हम कहाँ रुकते कि सदियों का सफ़र दरपेश[1] था
घंटियाँ बजती रहीं और कारवाँ चलता रहा

कितने लम्हों के पतंगे आए, आ कर जल बुझे
मैं चराग़-ए-ज़िन्दगी था, ता-अबद[2] जलता रहा

हुस्न की ताबानियाँ[3] मेरा मुक़द्दर बन गईं
चाँद में चमका, कभी ख़ुर्शीद[4] में ढलता रहा

जाने क्या गुज़री कि फ़रज़ाने[5] भी दीवाने हुए
मैं तो शायर था, ख़ुद अपनी आग में जलता रहा

2

मुँह बंद हसरतों को सुख़न-आशना[6] करो
तोड़ो सुकूत-ए-साज़[7], ग़ज़ल इब्तिदा[8] करो

1. समस्या सामने होना 2. अनंत काल तक 3. ज्योति (बहु.) 4. सूरज 5. बुद्धिमान 6. काव्य का रूप 7. साज़ की ख़ामोशी 8. आरम्भ

लाओ कहीं से संग-ए-मलामत[1] ही क्यों न हो
यारो शिकस्त-ए-शीशा-ए-दिल[2] की दुआ करो

मासूम लग़्ज़िशों[3] की बहुत दाद मिल चुकी
अब आशना-ए-ग़ैर[4] के ताने सुना करो

हारे हुए ख़ुलूस[5] पे शर्मिंदगी है क्यों
किसने नहीं कहा था कि इस दिल का क्या करो

नादान हो, जहाँ का चलन देखते नहीं
रस्म-ए-जफ़ा को आम ब-नाम-ए-वफ़ा करो

फिर कोई जांनवाज़[6] बहाना तराश लो
फिर कोई दिल-फ़रेब, अछूती ख़ता करो

मिल जाएगा जमील, कोई ज़ख़्म, कोई फूल
आओ न तुम भी कूचा-ए-दिल में सदा करो

3

दोस्तों के दरमियाँ भी हमको तन्हा[7] देखते
तुम कभी आते, सर-ए-महफ़िल तमाशा देखते

आईना ख़ानों[8] में क्या रक्खा है हैरत[9] के सिवा
कूचा-ओ-बाज़ार में ख़ून-ए-मसीहा[10] देखते

मौत को भी हम बना लेते मता-ए-ज़िन्दगी[11]
क़त्ल होते कि सब दाना-ओ-बीना[12] देखते

---

1. निंदा के पत्थर 2. दिल का शीशा टूटना 3. त्रुटियों 4. बेगाना दोस्त 5. निष्कपटता 6. मनोरम 7. अकेला 8. शीशे के घर 9. आश्चर्य 10. दूसरों को जीवन देने वाले का ख़ून 11. जीवन की पूँजी 12. बुद्धिमान और अन्तर्यामी

क़ैस[1] की मानिंद क्यों तसवीर बनकर रह गए
परदा-ए-महमिल[2] उठाकर रु-ए-लैला[3] देखते

मैं तुम्हारे हुस्न का बेसाख़्ता इज़हार[4] हूँ
अपने आईने में मेरा भी सरापा देखते

ढूँडने निकले हैं तुझको मावरा-ए-आब-ओ-गिल[5]
उम्र गुज़री यम-ब-यम[6] सहरा-ब-सहरा देखते

क्या ये कम है, फ़र्श[7] से ता-अर्श[8] हो आए जमील
चार दिन की ज़िन्दगी में और क्या-क्या देखते

4

कल तक कितने हंगामे थे अब कितनी ख़ामोशी है
पहले दुनिया थी घर में अब दुनिया से रूपोशी[9] है

पल भर जागे, गहरी नींद का झोंका आया, डूब गए
कोई ग़फ़लत सी ग़फ़लत, मदहोशी सी मदहोशी है

जितना प्यार बढ़ाया हमसे, उतना दर्द दिया दिल को
जितने दूर हुए हो हमसे उतनी हम-आग़ोशी[10] है

सबको फूल और कलियाँ बाँटो हमको दो सूखे पत्ते
ये कैसे तोहफ़े लाए हो ये क्या बर्ग-फ़रोशी[11] है

रंग-ए-हक़ीक़त[12] क्या उभरेगा ख़्वाब ही देखते रहने से
जिसको तुम कोशिश कहते हो वो तो लज्जत-कोशी[13] है

होश में सब कुछ देख के भी चुप रहने की मजबूरी थी
कितनी मानी-ख़ेज़[14] जमील हमारी ये बेहोशी है

---

1. मजनूँ 2. महमिल (ऊँट पर बाँधने का कजावा जिसमें औरतें बैठती हैं) का परदा 3. लैला का चेहरा 4. अपने मन की अभिव्यक्ति 5. शरीर रहित 6. एक नदी से दूसरी नदी 7.धरती 8. आकाश तक 9. मुँह छिपाना 10. आलिंगन (पास आना) 11. पत्ते बेचना 12. यथार्थता का रंग 13. रस लेना 14. अर्थपूर्ण

5

वो आएँगे तो खिलेंगे नशात-ओ-वस्ल[1] के फूल
शब-ए-फ़िराक़[2] में, उनकी सख़ावतों[3] को न भूल

यही है क्या तेरी तक़सीम-ए-गुलिस्ताँ[4] का उसूल
किसी को फूल मिलें और किसी को ख़ार-बबूल

ज़मीं का रंग तो हमरंग-ए-दाम[5] होता है
भटक न जाएँ कहीं मेरी चाहतों के रसूल

तुम्हारे पास तो सिम-सिम का इस्म-ए-आज़म[6] है
ये क्या कि बंद है अपने लिए ही बाब-ए-क़ुबूल[7]

किसी का दीदा-ए-पुरख़ूँ[8] भी रंग ला न सका
किसी के शोला-ए-तन से पिघल गए हैं उसूल

बुझाएँ प्यास मुहब्बत के शबनमिस्ताँ[9] से
न बैठ जाए गुल-ए-जाँ[10] पे नफ़रतों की ये धूल

भरी बहार में जैसे फुआर पड़ती है
कुछ इस तरह मेरे दिल पर है शायरी का नुज़ूल[11]

उलझ गए कभी संगीं[12] हक़ीक़तों[13] से जमील
कभी किसी के तसव्वुर से हो गए हैं गलूल[14]

6

ज़रा सुकून तह-ए-शाख़सार[15] लेने दो
मुसाफ़िरों को थकन तो उतार लेने दो

---

1. ख़ुशी और मिलन 2. विरह की रात 3. दानशीलता (बहु.) 4. बाग़ की बाँट 5. जाल के रंग जैसा 6. महामंत्र 7. स्वीकृति का द्वार 8. रक्तपूर्ण आँख 9. ओस 10. प्राण का फूल 11. उतरना 12. कठोर 13. यथार्थता (बहु.) 14. उदास 15. पेड़ों तले

वो जिसकी याद इबादत है ज़िंदगी के लिए
उसी का नाम हमें बार-बार लेने दो

फिर इसके बाद ख़ुदा जाने हम मिलें न मिलें
ये एक लम्हा-ए-फ़ुर्सत गुज़ार लेने दो

तुम्हारे दर से तो ख़ाली कोई गया ही नहीं
हमें भी अपना मुक़द्दर सँवार लेने दो

ये ज़र्द फूल जो सैर-ए-चमन को आए हैं
इन्हें भी हुस्न-ए-ख़िज़ाँ[1] की बहार लेने दो

हयात[2] नज्र करेंगे मगर सलीक़े से
ये कर्ज़-ए-यार तो पहले उतार लेने दो

ये नफ़रतों की तिजारत मुझे क़बूल नहीं
मैं प्यार हूँ मुझे इनसां का प्यार लेने दो

उड़ाओ ख़ाक न अपनी ज़रा ठहर जाओ
जमील राख से कोई शरार[3] लेने दो

7

बाहर गली में आ गए घर अपना छोड़कर
आज़ाद कितने हो गए आईने तोड़कर

हमको सदफ़[4] मिले कि हज़फ़[5] देखते रहो
क़ुलज़ुम[6] से आ मिले हैं सफ़ीनों को छोड़कर

ताक़त को आज़मा तो लिया दोस्तों ने भी
अपने ही दोस्तों की कलाई मरोड़कर

---

1. पतझड़ का सौन्दर्य 2. जीवन 3.चिंगारी 4. सीपी 5. बिछोड़ा, जुदाई 6. सागर

माँ की तरह वतन ने गले से लगा लिया
लौटे दयार-ए-ग़ैर[1] से जब पाँव तोड़कर

यादों की ख़ुशबुओं के सिवा घर में कुछ न था
दीवार-ओ-दर से रह गए सर अपना फोड़कर

थे इतने ख़ुद-शनास[2] कि गर्दिश जहाँ[3] की भी
गुज़री है पास-पास से रुख़ मोड़-मोड़कर

चलते रहे टटोल के ज़र्रों का दिल जमील
रस्ते ही में गिरे जो गए भाग-दौड़कर

8

शाम ही से हैं बंद दरवाज़े
सुब्ह तक अब लगाओ आवाज़ें

बस्तियों में भी हू[4] का आलम है
ऐसे बिखरे दिलों के शीराज़े

शह्र-ज़ादों[5] पे जाने क्या गुज़री
सूनी गलियाँ हैं, गुंग दरवाज़े

सूरतों में कहाँ वो तहदारी[6]
आई आँधी उतर गए ग़ाज़े[7]

रेज़ा-रेज़ा[8] बिखर चुकी है हयात
अब समेटो तमाम शीराज़े[9]

कोई दरवाज़ा ज़ात[10] का भी खुले
यूँ तो घर में हैं कितने दरवाज़े

---

1. परदेस 2. अपने आपको पहचानने वाला 3. संसार 4. सन्नाटा 5. शह्र में रहने वालों 6. गंभीरता 7. मुँह पर मलने का पाउडर 8. कण-कण 5. क्रम 10. अस्तित्व

मंज़िलें इतनी दूर-तर निकलीं
जितने नज़दीक-तर थे अंदाज़े

वो जो अपने जिलौ[1] में चलते थे
कस रहे हैं वही तो आवाज़े

वो जो सच बोलते रहे हो जमील
सब उसी के तो हैं ये ख़म्याज़े[2]

9

कौन ज़ंजीर इसे पहनाए
वक़्त हाथों से निकलता जाए

हब्स[3] बढ़ता ही चला जाता है
आए अब ज़ोर से बारिश आए

फेंककर धूप की पीली चादर
आए वो अब के साये-साये

फिर वो लम्हा न कभी हाथ आया
हम जिसे खो के बहुत पछताए

दिल से उलझें तेरी पागल यादें
जैसे दीवार से लिपटें साये

भूल कर भी न ख़बर ली मेरी
कितने अच्छे हैं मेरे हमसाये

जितना दिल प्यार करे फूलों से
उतना काँटों में उलझता जाए

हम ही मेयार-ए-मुहब्बत[4] थे जमील
बेमुरव्वत[5] भी हमीं कहलाए

---

1. लगाम, साथ-साथ 2. परिणाम (बहु.) 3. उमस 4. प्रेम का स्तर 5. निष्ठुर

10

ढूँडते फिरते हैं, ज़ख़्मों का मुदावा[1] निकले
इस भरे शह्र में कोई तो मसीहा निकले

उफ़ ये अंबोह-ए-रवाँ[2], हाय मेरी तन्हाई!
कहीं रस्ता नज़र आए, कोई तुम-सा निकले

चाँद से चेहरों पे पथराई हुई ज़र्द आँखें
कोई बतलाओ ये किस शह्र में हम आ निकले

पस-ए-दीवार[3] खड़ा है कोई तन्हा कब से!
तू न निकले, तेरे घर से तेरा साया निकले

जिन पे सौ नाज़ करे, अंजुमन-आराई[4] भी
ग़ौर से देखा तो वो लोग भी तन्हा निकले

ये सितारों के तड़पते हुए सीमीं[5] पैकर[6]
जाने कब रात ढले, नूर[7] का दरिया निकले

चाँद-सूरज से भी तारीकी-ए-दौरां[8] न गई
देखिए, पर्दा-ए-तख़्लीक़ से अब क्या निकले

11

जुबाँ मिले तो हज़ार बातें कहा करें हम
सदा का रिश्ता ही टूट जाए तो क्या करें हम

ये शह्र-ए-शीशा तो शह्र-ए-ना-आशना[9] है प्यारे
किसे पुकारें यहाँ किसे आशना करें हम

---

1. इलाज 2. भागती हुई भीड़ 3. दीवार के पीछे 4. सभा की शोभा बढ़ाना 5. चाँदी जैसे 6. आकृति (बहु.) 7. प्रकाश 8. युग का अँधेरा 9. अपरिचित शह्र

अगर ख़ुदा तक पहुँच सके हर्फ़-ए-नारसाई[1]
तो अर्श तक भी बुलंद दस्त-ए-दुआ करें हम

यहाँ मसीहा के काम ही जब दुआ न आई
दुआ करें अब तो किसकी ख़ातिर दुआ करें हम

अब उनके हाथों कफ़न का एहसां भी क्यों उठाएँ
शहादतों के लहू से रंगी क़बा[2] करें हम

कोई किसी को न दे सके तान-ए-ना-रसाई[3]
जो क़र्ज़-ए-जां है वो मर के वादा वफ़ा करें हम

हम अपना क़ातिल ख़ुद अपने ही आईने में देखें
अगर कभी अपनी ज़ात का सामना करें हम

महक उठे कर्बला से, अपने वतन तक आए
कुछ ऐसे ज़िंदा वो क़िस्सा-ए-कर्बला करें हम

वो जिसकी ख़ुशबू अबद-अबद तक रहे सलामत
इक ऐसा नामा[4] रक़म[5], सफ़ीर-ए-सबा[6] करें हम

वो जिस अदा से अरूस-ए-फ़र्दा[7] को तूने चूमा
निसार उस पर हर इक अदा, ख़ुश-अदा करें हम

जमील सबसे अज़ीम-तर इस सदी का ग़म है
सभी को अब उसके इश्क़ में मुब्तिला करें हम

---

1. वह अक्षर या बात जिसकी पहुँच न हो 2. चोगा, वस्त्र 3. न पहुँच सकने का कटाक्ष
4. पत्र 5. लिखना 6. पुरवा हवा का दूत 7. आने वाले कल की दुलहिन

12

देखें तो यहाँ अंजुमन-आराई बहुत है
सोचें तो भरे शह्र में तन्हाई बहुत है

हमको तो मुहब्बत ने दिया हुस्न-ए-तक़द्दुस[1]
कहते हैं कि इस खेल में रुसवाई बहुत है

मैं इक गुल-ए-सदबर्ग[2] वो नौख़ेज़[3] सी तितली
आई है मेरे पास तो शर्माई बहुत है

हर साहिब-ए-दिल एक तमाशा है जहाँ में
दुनिया जिसे कहते हैं तमाशाई बहुत है

कोई नहीं जो रूह की गहराई में उतरे
गो शह्र के लोगों से शनासाई बहुत है

इस शह्र में अपनों के लिए ज़ख़्म-ए-तमन्ना
इस शह्र में ग़ैरों की पिज़ीराई[4] बहुत है

हमसे न हुआ अपने ही ज़ख़्मों का मुदावा
लोगों को यहाँ कार-ए-मसीहाई[5] बहुत है

क्यों फिर भी जमील उसके तमन्नाई सभी हैं
किसको नहीं मालूम वो हरजाई बहुत है

---

1. पवित्र, श्रेष्ठ 2. सौ पंखड़ियों वाला फूल; गेंदा 3. नवांकुरित 4. स्वीकृति 5. हज़रत ईसा का काम करना अर्थात् मुर्दे जिलाना

ज़हूर नज़र

ज़हूर नज़र का जन्म 22 अगस्त, 1923 को मिंटगुमरी (साहीवाल) में हुआ। दूसरी कक्षा में थे कि पिता का देहांत हो गया। उसके बाद पढ़ने के लिए क़ादियान भेजे गए तो माँ-बहनों की दूरी की वजह से पढ़ने में दिल न लगा। स्कूल से भागने लगे। आवारा फिरने की आदत हो गई। कादियान में जिन रिश्तेदारों के पास रहते थे, उन्होंने इस आवारगी पर सख़्त सज़ाएँ दी तो स्कूल और रिश्तेदारों से ऐसी नफ़रत हुई कि हर तरह की सख़्तियों के बावजूद आठवीं से आगे न बढ़े। उन्हीं दिनों एक साँवली लड़की से प्यार हो गया। रिश्तेदारों ने उससे मिलने पर पाबंदी लगा दी। मुहब्बत तो कम न हुई, अलबत्ता सामाजिक रिवायतों के ख़िलाफ़ नफ़रत और दुश्मनी का अलाव हर वक़्त ज़हूर के सीने में जलने लगा। आवारगी बढ़ती गई। चोरी-ठगी भी करने लगे। लड़कपन में ही हर तरह का नशा चखा।

सोलह साल पूरे करने से पहले सन् 1939 तक जिल्दसाज़ी, ट्रंकसाज़ी, मशीनमैनी जैसे कई छोटे-मोटे काम सीखे। लेकिन इनमें से कोई भी पेशा अपनाने की हिम्मत न हो सकी। ज़हूर नज़र का पूरा ख़ानदान आलिमों-अफ़सरों से भरा पड़ा था। आख़िर माँ के कहने पर स्कूल में दुबारा दाख़िल हुए। लेकिन पढ़ न सके। पुराने कारनामे दुबारा शुरू कर दिये। तीन बार आत्महत्या की कोशिश की। फ़ौज में भर्ती हुए पर कुछ दिन बाद वहाँ से भी बाग़ तुड़ा ली। भागकर लुधियाना आ गए। लुधियाना में एक होटल के मालिक से वाक़फ़ियत थी। उसने होटल में असिस्टेंट मैनेजर रख लिया।

ये होटल शायरों का अड्डा था। साहिर, अहमद रियाज़, हाफ़िज़, एजाज़ अकरम, हसन लतीफ़ी यहाँ रोज़ आते-जाते थे। कभी-कभी अनवर, इब्ने इंशा भी टपक पड़ते थे। इन लोगों के असर से ज़हूर नज़र शायरी की तरफ़ झुके। पहली ग़ज़ल लिखने की कोशिश की। पर सारी रात सिर धुनकर सिर्फ़ तीन शेर लिख सके। बाक़ी चार शेर हाफ़िज़ ने लिखकर दिये तो पहली ग़ज़ल पढ़ी। लेकिन एक बार हाथ खुला तो नियमित रूप से कहने लगे। दोस्तों ने

हिम्मत बढ़ाई, क्लासिक्स पढ़ने का मशवरा दिया। साहित्यिक गतिविधियों के साथ-साथ राजनीतिक गतिविधियों में भी दिलचस्पी लेने लगे। कम्युनिस्ट पार्टी के मेम्बर हो गए।

ज़हूर नज़र के दोस्त अक्सर मज़ाक़ करते कि वो हुलिये से शायर नहीं, किसी चवन्नी-छाप फ़िल्म का विलेन या थानेदार लगता है। ज़हूर नज़र थे भी उन लोगों में से, जो बेतकल्लुफ़ दोस्तों के साथ बैठकर लतीफ़े सुनाएगा, अख़बारी हैड-लाइनों पर बहस करेगा मगर क्या मजाल जो शेर नाम की चीज़ उसकी ज़बान पर भी आ जाए। जो उसे बतौर शायर न जानता हो, उस अजनबी को तो ये गुमान भी नहीं हो सकता कि यह ऊबड़-खाबड़ चेहरे वाला इनसान एक नाजुक-ख़याल शायर है। ज़हूर नज़र अपनी शायरी को शोहरत का ज़रिया बनाने के क़तई आरज़ूमंद नहीं थे। उर्दू के ज़्यादातर शायर बड़े-बड़े शह्रों में रहते थे। कराँची और लाहौर शायरों से पटे पड़े थे। पिण्डी, पेशावर, मुलतान और हैदराबाद में भी शायरों की कमी नहीं थी। जो शायर देहातों में पले-बढ़े, वे भी या तो अपने गाँव छोड़ आए थे, या छोड़ने को बेताब थे। लेकिन ज़हूर नज़र तब भी एक रेगिस्तानी क़स्बे भावलपुर में रहते थे। उनकी कई रातें अक्सर भावलपुर के चारों तरफ़ सैकड़ों मील तक फैले हुए रेत के टीलों पर गुज़रीं। पर चूँकि उनकी जड़ें ज़मीन में थीं, इसलिए ज़हूर नज़र अपने माहौल के हुस्न और वीरानियों—दोनों से वाक़िफ़ थे। उनकी रचनाओं में गुंजान दरख़्तों, शफ़्फ़ाफ़ लहरों के साथ-साथ धूल उड़ाती हुई हवाओं और देखते-देखते ढह जाने वाले टीलों की टीस भी है।

पहला संकलन 'भीगी पलकें' 1945 में प्रकाशित हुआ। अन्य संकलन : 'रेज़ा-रेज़ा' और 'ज़ंजीर-ए-वफ़ा'।

07 सितंबर, 1981 को इनका निधन हो गया।

पथराव

दर्द थमता भी नहीं
हद से गुज़रता भी नहीं
भूलकर तुझको अजब हाल हुआ है दिल का

साल-हा-साल से[1] दिल
मुंदमिल होता हुआ[2] घाव है
डूबती है कोई हसरत न उभरती है उम्मीद
बह्र-ए-आलाम[3] में तूफ़ाँ है न ठहराव है
उफ़ुक़-ए-ज़ीस्त[4] पे तल्अत[5] है न तारीकी[6] है
दूर तक धुंद का मौहूम[7]-सा कजराव[8] है
साहिल-ए-चश्म पे तारे हैं न मोती हैं न अश्क
सोच का हाथ है एहसास का पथराव है
डूबती भी नहीं सीधी भी नहीं होती है
उम्र की लह्र पे जाँ उलटी हुई नाव है
तख़्तियाँ जिसकी तेरे प्यार से पैवस्ता[9] हैं
बादबाँ जिसका मेरे साँस का फैलाव है
साँस रुकता भी नहीं
ठीक से चलता भी नहीं
भूलकर तुझको अजब हाल हुआ है दिल का

---

1. सालों से 2. भरता हुआ 3. दुखों का समुद्र 4. जीवन का क्षितिज 5. छटा 6. अंधकार 7. भ्रमात्मक 8. कालापन 9. सटी हुई

दयार-ए-दिल और शाम

अभी बुझा है उफ़ुक़[1] पर शफ़क़[2] का आतिशगाह[3]
भड़क-भड़क के हुए राख कितने रंग न पूछ
सवाद-ए-शाम[4] बना सुरमई [illegible] पहाड़
दयार-ए-दिल में हुआ वक़्त कितना [illegible] पूछ

ज़रा-सी याद के साये बहुत तवील[illegible]
गली-गली में धना गहरा दर्द फैल [illegible]
किरन-किरन में कई धड़कनें ग़ुरूब[6] हुई
क़दम-क़दम से गुज़र कर ग़मों का सैल गया

'सुकूँ' कि पहले ही इस शह्र में बहुत कम था
उड़ा के ले गई साथ अपने दश्त-ए-हुस्न की धूल
उम्मीद टूट गई आरज़ू उजाड़ हुई
न कोई पेड़ बचा है न कोई शाख़ न फूल

तेरे बग़ैर ही यूँ तो कटी है उम्र तमाम
मगर ये शाम, ये बैरन, सुलगती-जलती शाम
कटी है ऐसे कि जैसे रग-ए-हयात[7] कटे
यक़ीं नहीं है कि अब इसके बाद रात कटे

नया चौराहा

कद्दावर आईने ले कर
बौनों का मख़लूत[8] जुलूस अभी गुज़रा है।

इक दानिशवर[9]
बाज़ीगर के बाँस पे चढ़कर
गर्दन की सब नसें फुलाए चीख़ रहा है
औन-ए-पौने आदमियों से ये मख़लूक़[10] कहीं बेहतर है।

---

1. क्षितिज 2. लालिमा 3. भट्ठी 4. साँझ की कालिमा 5. लम्बे 6. डूबना 7. जीवन की रग
8. मिला-जुला 9. बुद्धिजीवी 10. मनुष्य

हा-हा-हा-हा-ही-ही-ही-ही-हू-हू-हू-हू
हँसते-हँसते पूरे आदमियों के जबड़े दुखने लगे हैं

बिजली की तेज़ी से आ कर जीप रुकी है
डी. एस. पी. ने
थानेदार को हुक्म दिया है
दानिशवर के बाँस की, अपने डंडे से लम्बाई नापो।

बाँस नाप कर—
थानेदार का डंडा दानिशवर की गर्दन नाप रहा है
और दानिशवर हाँप रहा है

हा-हा-हा-हा ही-ही-ही-ही-हू-हू-हू-हू की आवाज़ें
मद्धम हो कर डूब रही हैं
पूरे आदमियों का मजमा[1]
दोनों हाथों से दुखते जबड़ों को दबाए
हौले-हौले बिखर रहा है

खुले दरीचों, वा दरवाज़ों के पट आपस में टकराकर
पूछ रहे हैं
ये सब क्या है?
ये सब क्यों है??

दानिशवर की सोच-समझ में कुछ नहीं आता!
बाज़ीगर ने
जो सोचा था, जो चाहा था
सब कुछ उसके उलट हुआ है

रेस्तोरान के अंदर बौने नाच रहे हैं
रेस्तोरान के बाहर, हॉकर
अख़बारों की इस सुर्ख़ी को ढोल बनाकर पीट रहे हैं
आज का सूरज भी कल के सूरज की सूरत
वक़्त से पहले छुप जाएगा।

---

1. भीड़, जन-समूह

काली डायन रात, उफ़ुक़[1] पर
अपने उलटे पाँव पसारे फैल रही है
हैबत, हर घर के आँगन में
जीना-जीना उतर रही है
बाज़ीगर को बाँस के छिन जाने का धड़का लगा हुआ है

लव मैरिज

जीवन के इक मोड़ पर
इक छतनार समान
वो मेरी रह रोक कर
बोली, "ऐ अनजान!
और आगे मत जाइयो
आगे है सुनसान
हरियाली और छाँव का
मैं हूँ अंत निशान
मुझ से आगे रेत है
तपती जलती रेत
न कोई फूल न पंखुड़ी
न कोई पेड़ न खेत"
मैं बनवासी बाँगरा
मैं राही अनजान
उसके इस अंदाज़ पर
खो बैठा औसान
भूली सारी मंज़िलें
भूले सारे ध्यान
घनी घनेरी छाँव को
चाहत का निर्वाण
जान के उसकी ओट में
बैठ गया मसहूर[2]

---

1. क्षितिज 2. जिस पर जादू किया गया हो, मंत्रमुग्ध

बीता जीवन रह गया
जाने कितनी दूर
छाँव उस छतनार की
थी सुख से मामूर[1]
पलकों सी थी कोंपलें
काजल सा था बौर
बाँहों जैसी डालियाँ
जोबन बास से चूर
प्रीत पवन में झूल कर
मुझ पर आन झुकीं
अपना सब कुछ भूल कर
मुझ पर आन झुकीं
सपनों के उस धाम में
जीवन यूँ गुज़रा
जैसे पहले मेंह से
महके है सहरा
जैसे गुल की गोद में
राज करे भँवरा
जैसे तैरे झील पर
रात गए बजरा
दूर-दूर तक सोच का
नाम-निशान न था
यह सुख, दुख बन जाएगा
वह्म-गुमान न था

कटहरे में

बू-ए-गुल, रौशनी
रंग, नग़मा, सबा
हर हसीं चीज़ है
मेरे जज़्बात के क़त्ल से आशना

---

1. परिपूर्ण

सिर्फ़ तुमको नहीं
इल्म उस क़त्ल का!!

मेरा दिल—
मेरा महबूब, मासूम दिल
ओढ़ कर दाइमी दूरियों का कफ़न
दर्द के बेअमाँ[1] दश्त[2] में दफ़्न है
आज भी मेरी हर मुज़्तरिब[3] साँस है
उस पे नौहा-कुनाँ[4]!

आज भी याद है
मुझको उस गर्म दोपहर का सानिहा[5]
जब तुम्हारी मुहब्बत के छतनार से
मेरा दिल, मेरा महबूब, मासूम दिल
एक प्यासे परिंदे की सूरत गिरा
और मेरी तरफ़ इक नज़र देखकर
इस तरह मर गया
जैसे उस क़त्ल, उस मर्ग-ए-नागाह[6] में
मेरा भी हाथ था

सिर्फ़ तुमको नहीं
इल्म उस क़त्ल का!
बू-ए-गुल, रौशनी, रंग, नग़्मा, सबा
हर हसीं चीज़ है
मेरे जज़्बात के क़त्ल से आशना!!

झुर्रियाँ

बर्फ़ गिरने लगी
नीलगूँ, नर्म, ठंडी सफ़ेदी तले
पूरी वादी छुपी

---

1. असुरक्षित 2. जंगल 3. व्याकुल 4. विलाप करती हुई 5. दुर्घटना 6. वह मृत्यु जो अचानक आ जाए, अकाल-मृत्यु

पूरी वादी के अशजार की टहनियाँ
बर्फ़ के बार-ए-नाज़ुक से बोझल हुईं
डोल अपने, कुओं में लटकते हुए
छोड़कर, दौड़कर आँख-ओझल हुईं
सुर्ख़ कपड़ों में मलबूस[1] पनिहारियाँ

और कुछ देर तक—
नीलगूँ, नर्म, ठंडी सपेदी तले
जिस्म का कोह-ए-तन्हा[2] भी दब जाएगा
बूढ़ी-कुबड़ी हवा के सिवा कोई अब
पूछने हाल मेरा नहीं आएगा

बढ़ी कुबड़ी हवा—
जिसके दामन में होगा न इक बर्ग तक
बर्फ़ गिरती रहेगी दम-ए-मर्ग[3] तक!!

ता-ब-दीद

मुंतज़िर[4], हैरान आँखें ता-ब-दीद[5]
ज़िंदगी की धूल से आलूदा हैं
धड़कनें—
जो दर्द की तक़रीब[6] का बाइस[7] रहीं
दर्द ही के मुज़्तरिब[8] आग़ोश[9] में आसूदा[10] हैं
दिल—
कि अर्ज़-ए-मुद्दआ[11] के बावजूद
ख़्वाहिश-ए-इज़हार[12] का क़ैदी रहा
हल्क़ा-ए-ज़ंजीर-ए-पुरसिश[13] के लिए
अपनी ही झनकार का क़ैदी रहा
ख़ंदाज़न[14] है ज़ह्न की बेचारगी पर, ज़ह्न—जो

---

1. पहने हुए 2. अकेला पहाड़ 3. मृत्यु का समय 4. प्रतीक्षा में 5. दर्शन होने तक 6. अवसर 7. कारण 8. व्याकुल 9. गोद 10. संतुष्ट 11. अभिप्राय व्यक्त करना 12. इच्छा व्यक्त करना 13. पूछ-ताछ की ज़ंजीर का घेरा 14. हँसी उड़ाना

दश्त में भी हैबत-ए-दीवार का क़ैदी रहा
और मैं—जो सिर्फ़ तेरे जिस्म की
जाँ-फ़िज़ा[1] महकार का क़ैदी रहा
इस अनोखी सूरत-ए-हालात में
अपनी सूली अपने काँधों पर उठाए
फिर रहा हूँ वादी-ए-आफ़ात[2] में

एक ख़त के जवाब में

जान-ए-मन—!
जान-ए-जां—!
हुक्म है—इसलिए कर रहा हूँ बयाँ!!!

तूने पूछा है मैं,
कैसे जीता हूँ अब
कैसे बढ़ता है दिन
कैसे घटती है शब
क्या कहूँ जान-ए-जाँ, क्या लिखूँ जान-ए-मन!!
हाल—बदहाल है
और फ़र्दा[3]-अज़ल[4] की तरह, आज भी
अनचली चाल है अधखुला जाल है
सिर्फ़ माज़ी का था इक दरीचा खुला
जिसमें चेहरा तेरा गाहे[5] हँसता हुआ
गाहे उतरा हुआ—देख लेता था मैं!!
दुख के अर्श से अब
जब कभी भी उधर
मैंने की है नज़र—सूझता कुछ नहीं
नै दरीचा न तू
धुंद ही धुंद है—उम्र के चार सू
दीदा-ए-जात[6] की चश्म-ए-जज़्बात[7] की

1. प्राणवर्द्धक 2. आपत्तियों की घाटी 3. आने वाला कल 4 . अनादि काल 5. कभी 6. अस्तित्व की आँख 7. भावनाओं की आँख

हद्द-ए-बीनाई[1] में,
कार-फ़रमाई[2] में—आ गई है कमी

वक़्त के जब्र की,
सब्र की क़ब्र की—थाह कोई नहीं
अपनी गीराई[3] से अपनी पहनाई[4] से
बच निकलने की भी—राह कोई नहीं
ज़िंदगी के लिए
संग[5] तिरयाक़[6] के
कूटते-कूटते
ज़ह्र के शह्र के
रास्तों पर मरे
लफ़्ज़—ज़ख़्मी हुए
ज़ख़्म—छलनी हुए
दर्द—गूढ़े हुए
ख़्वाब—बूढ़े हुए

शेर कहना भी अब—चार दिन और है
और रहना भी अब—चार दिन और है
अलविदा—जान-ए-मन!
अलविदा—जान-ए-जाँ!!

1

छोड़कर दिल में गई वहशी हवा कुछ भी नहीं
किस क़दर गुंजान जंगल था, रहा कुछ भी नहीं

ख़ाक-ए-पाए-याद[7] तक गीली हवा ने चाट ली
इश्क़ की ग़र्क़ाब[8] बस्ती में बचा कुछ भी नहीं

---

1. आँखों की ज्योति की सीमा 2. काम करना, प्रभाव डालना 3. पकड़ 4. विस्तार 5. पत्थर 6. विष का नाशक 7. याद की पद-धूलि 8. बाढ़-ग्रस्त।

हाल के ज़िन्दाँ से बाहर कुछ नहीं जुज़[1] दूद-ए-मर्ग[2]
और इस ज़िन्दाँ में जुज़ ज़ंजीर-ए-पा[3] कुछ भी नहीं

हिज्र के काले समंदर का नहीं साहिल कोई
मौजा-ए-तूफ़ान-ए-दहशत[4] से वरा कुछ भी नहीं

आबना-ए-दर्द[5] के दोनों तरफ़ है दश्त-ए-ख़ौफ़[6]
अब तो चारा जान देने के सिवा कुछ भी नहीं

हाथ मेरा, ऐ मेरी परछाईं, तू ही थाम ले
एक मुद्दत से मुझे तो सूझता कुछ भी नहीं

शह्र-ए-शब[7] में कौन सा घर था, न दी जिस पर सदा
नींद के अंधे मुसाफ़िर को मिला कुछ भी नहीं

रात-भर इक चाप सी फिरती रही चारों तरफ़
जानलेवा खौफ़ था लेकिन हुआ कुछ भी नहीं

कासा-ए-जाँ[8] हाथ में ले कर गए थे हम वहाँ
लाए उस दर से बजुज़ ख़ून-ए-सदा[9] कुछ भी नहीं

उम्र भर उम्र-ए-गुरेज़ाँ[10] से न मेरी बन सकी
जो करे, करती रहे, मैं पूछता कुछ भी नहीं

वे भी शायद रो पड़े वीरान काग़ज़ देख कर
मैंने उसको आख़िरी ख़त में लिखा कुछ भी नहीं

दौलत-ए-तन्हाई भी आने से तेरे छिन गई
अब तो मेरे पास ऐ जान-ए-वफ़ा कुछ भी नहीं

दिल पे लाखों लफ़्ज़ कंदा कर गई उसकी नज़र
और कहने को अभी उसने कहा कुछ भी नहीं

---

1. अतिरिक्त 2. मौत की आग का धुआँ 3. पैर की ज़ंजीर अर्थात विपत्तियाँ 4. भयावह आँधी की शृंखला 5. दुख की आबनाए; आबनाए पृथ्वी के उस तंग भाग को कहते हैं जो दो समुद्रों को मिलाता है 6. भय का जंगल 7. रात का शह्र 8. जान का पियाला 9. आवाज़ का ख़ून 10. भागती हुई आयु।

2

रक्खा नहीं ग़ुरबत ने किसी इक का भरम भी
मयख़ाना भी वीराँ है, कलीसा[1] भी, हरम भी

लूटा है ज़माने ने, मेरा बेश[2] भी, कम भी
छीना था तुझे, छीन लिया है तेरा ग़म भी

बेआब हुआ अब तो मेरा दीदा-ए-नम[3] भी
ऐ गर्दिश-ए-आलाम[4]! किसी मोड़ पे थम भी

सुन ऐ बुत-ए-जाँदार, बुत-ए-सीमबरे[5]! सुन!
तोड़े न गए हमसे तो पत्थर के सनम भी

मय[6] वस्ल की भी कर न सका शिद्दत-ए-ग़म[7] कम
आया न किसी काम तेरे हिज्र का सम[8] भी

दीवार-ए-सुकूँ[9] बैठ गई शिद्दत-ए-नम[10] से
बरसा है मेरे घर पे अगर अब्र-ए-करम[11] भी

तन्हाई न पूछ अपनी, कि साथ अह्ल-ए-जुनूँ[12] के
चलते हैं फ़क़त चंद क़दम राह के ख़म[13] भी

सहरा-ए-ग़म-ए-जाँ[14] में बगूलों से बचा कौन
मिट जाएँगे ऐ दोस्त तेरे नक़्श-ए-क़दम भी

सुनते हैं चमकता है वो चाँद अब भी सर-ए-बाम[15]
हसरत है कि बस एक नज़र देख लें हम भी

3

हर घड़ी कयामत थी, ये न पूछ कब गुज़री
बस यही ग़नीमत है, तेरे बाद शब[16] गुज़री

---

1. ईसाइयों के पूजा-पाठ का स्थान 2. अधिक 3. रोती हुई आँख 4. आपत्तियों का चक्र 5. रजतांग मूर्ति 6. शराब 7. दुख की अधिकता 8. ज़हर 9. सुख की दीवार 10. सीलन की अधिकता 11. कृपा के बादल 12. दीवाने लोग 13. मोड़ 14. प्राण-संताप का जंगल 15. छत पर 16. रात्रि

कुंज-ए-ग़म में एक गुल भी खिल न सका पूरा
इस बला की तेज़ी से सरसर-ए-तरबा[1] गुज़री

तेरे ग़म की ख़ुशबू से जिस्म-ओ-जाँ[2] महक उट्ठे
साँस की हवा जब भी छू के मेरे लब गुज़री

एक साथ रह कर भी दूर ही रहे हम-तुम
धूप और छाँव की दोस्ती अजब गुज़री

जाने क्या हुआ हमको अब के फ़स्ल-ए-गुल[3] में भी
बर्ग-ए-दिल[4] नहीं लरज़ा, तेरी याद जब गुज़री

बेक़रार, बेकल है जाँ सुकूँ के सहरा में
आज तक न देखी थी ये घड़ी जो अब गुज़री

बाद-ए-तर्क-ए-उलफ़त[5] भी यूँ तो हम जिये, लेकिन
वक़्त बे-तरह बीता, उम्र बे-सबब[6] गुज़री

किस तरह तराशोगे, तोहमत-ए-हवस[7] हम पर
ज़िंदगी हमारी तो सारी बे-तलब[8] गुज़री

4

आरज़ू का निशान तक भी नहीं
दिल में अब तेरा ध्यान तक भी नहीं

इतना तन्हा भी कब हुआ था दिल
दर्द सा मेहरबान तक भी नहीं

फिर रहा हूँ खुले समंदर में
सूझता बादबान[9] तक भी नहीं

1. आनंद की हवा 2. शरीर और प्राण 3. वसन्त ऋतु 4. दिल का पत्ता 5. प्रेम-विच्छेदन के पश्चात् 6. अकारण 7. लोलुपता का आरोप 8. इच्छाओं से रहित, विरक्त 9. पोतपट

लुट गया है सफ़र में, जो कुछ था
पास अपने थकान तक भी नहीं

सिर पे सूरज चमक रहा है मगर
रौशनी का गुमान तक भी नहीं

वाली-ए-शह्र[1] बन के बैठे हैं
जिनका अपना मकान तक भी नहीं

क्या करेंगे वो लोग हंगामा
जिनके मुँह में ज़ुबान तक भी नहीं

हिज्र[2] वो दश्त[3] है कि जिस पे 'नज़र'
अब्र क्या, आसमान तक भी नहीं

5

मेरी गर्दन न झुकी तन से जुदा भी न हुई
ख़ुश ख़ुदा भी न हुआ, ख़ल्क-ए-ख़ुदा[4] भी न हुई

हर नफ़स रूह में ज़ंजीर रहा ख़ौफ़-ए-क़फ़स[5]
क़ैद में भी न रही जान, रिहा भी न हुई

साहिबो! उनको तो मजबूर-ए-ख़ुशामद न करो
जिनसे महबूब की तौसीफ़-ओ-सना[6] भी न हुई

नाम बे-राह-रवी में भी न चमका अपना
काम की हमसे कोई लग़ज़िश-ए-पा[7] भी न हुई

तोहमत-ए-जुर्म-ए-वफ़ा[8] कैसे उठा लें कि नज़र
हम ग़रीबों से तो जी भर के वफ़ा भी न हुई

---

1. नगर का अधिकारी 2. वियोग 3. जंगल 4. जनता 5. क़ैद का डर 6. प्रशंसा 7. पाँव का डगमगाना 8. प्रेम के अपराध का आरोपी

6

दिन ऐसे यूँ तो आए ही कब थे जो रास थे
लेकिन ये चंद रोज़ तो बेहद उदास थे

उनको भी आज मुझसे हैं लाखों शिकायतें
कल तक जो अह्ल-ए-बज़्म[1] सरापा-सिपास[2] थे

वो गुल भी ज़ह्र-ख़ंद[3] की शबनम से अट गए
जो शाख़सार[4] दर्द-ए-मुहब्बत[5] की आस थे

मेरी बरह्नगी[6] पे हँसे हैं वो लोग भी
मशहूर शह्र भर में जो नंग-ए-लिबास[7] थे

इक लफ़्ज़ भी न मेरी सफ़ाई में कह सके
वो सारे मेहरबाँ जो मेरे आस-पास थे

तेरा तो सिर्फ़ नाम ही था, तू है क्यों मलूल[8]
बाइस[9] मेरे जुनूँ का तो मेरे हवास[10] थे

वो रंग भी उड़े जो नज़र में न थे कभी
वो ख़्वाब भी लुटे जो क़रीन-ए-क़यास[11] थे

7

घिरा था अब्र तो गर्मी शदीद[12] कितनी थी
पड़ा न एक भी छींटा, उम्मीद कितनी थी

वो मुझ को डाल के ज़िंदाँ[13] में पूछता है, बता
तेरी रिहाई की मुहलत मज़ीद[14] कितनी थी

---

1. सभा में उपस्थित 2. बहुत अधिक गुणगान करने वाले 3. खिसियानी हँसी 4. जहाँ बहुत से पेड़ हों 5. प्रेम का दुख 6. नग्नता 7. नग्न 8. उदास 9. कारण 10. इंद्रियाँ 11. जो बात अटकल और अंदाज़े से ठीक हो 12. तीव्र 13. कारागार 14. फ़ालतू, अतिरिक्त

गली-गली में फिरे ज़लज़ले की सूरत लोग
गिरा न एक भी ऐवाँ[1], शनीद[2] कितनी थी

ज़मीन-ए-दश्त[3] ने चूमे हैं नक्श-ए-पा[4] जिनके
उन्हीं की शह्र में मिट्टी पलीद[5] कितनी थी

न उसने हाथ बढ़ाया, न मैंने थामा हाथ
क़रीब हो के भी मंज़िल बईद[6] कितनी थी

बिछड़ के तुझसे, मिला फिर मेरा पता मुझको
तेरे फ़िराक़ की साअत[7] सईद[8] कितनी थी

ख़ुशी न आई मयस्सर तो ख़ुश-ख़याल तेरे
थे इस पे ख़ुश कि ख़ुशी की नवेद[9] कितनी थी

पस-ए-ख़याल[10] वही कुहना-साल[11] जज़्बे हैं
ग़ज़ल नज़र की ब-ज़ाहिर[12] जदीद[13] कितनी थी

8

इश्क़ में मार के बला के रहे
आख़िरश हम शिकस्त खा के रहे

ये अलग बात है कि हारे हम
हश्र इक बार तो उठा के रहे

सफ़र-ए-ग़म[14] की बात जब भी चली
तज़्किरे[15] तेरे नक़्श-ए-पा[16] के रहे

जब भी आई कोई ख़ुशी की घड़ी
दिन ग़मों के भी याद आके रहे

---

1. भवन 2. सुनवाई 3. जंगल की धरती 4. पद-चिह्न 5. मिट्टी पलीद होना, दुर्दशा होना 6. दूर 7. समय 8. शुभ 9. शुभ सूचना 10. विचारों के पीछे 11. बूढ़े, पुराने 12. ज़ाहिर में 13. आधुनिक 14. दुख की यात्रा 15. चर्चे 16. पद-चिह्न

हब्स[1] में सारा शह्र दफ़्न हुआ
फ़ैसले सब अटल हवा के रहे

अपनी सूरत बिगड़ गई लेकिन
हम उन्हें आईना दिखा के रहे

होंट तक सी दिये थे फिर भी 'नज़र'
ज़ुल्म की दास्ताँ सुना के रहे

9

न सो सका हूँ न शब जाग कर गुज़ारी है
अजीब दिन हैं सुकूँ है न बेक़रारी है

सियाह चेहरा-ए-ख़ुर्शीद[2] करने वाले हैं
नुमूद-ए-सुब्ह[3] पे जिनकी इजारादारी[4] है

ये जान कर भी कि गुज़रेगा क़ातिलों का जुलूस
झुके खड़े हैं जिन्हें पास-ए-वज़अदारी[5] है

फ़रार की है ये सूरत कि आओ सो जाएँ
ये रात जागने वालों पे सख़्त भारी है

हैं वो भी मौजा-ए-तूफ़ाँ[6] की ज़द पे, उनकी भी
वही है सूरत-ए-हालात जो हमारी है

न आए दौर-ए-बहाराँ, ख़िज़ाँ ही आ जाए
फ़ज़ा पे कुछ भी न आने का ख़ौफ़ तारी है

लबों पे भी वो चराग़ाँ करें तो बात बने
दिलों में जिनके बपा जश्न-ए-आह-ओ-ज़ारी[7] है

सितम है उनको भी हुब्ब-ए-वतन[8] का दावा है
वुजूद-ए-क़ौम[9] से ज़ात[10] अपनी जिनको प्यारी है

---

1. उमस 2. सूरज का चेहरा 3. सुबह होना 4. एकाधिकार 5. अपनी रीति-नीति का त्याग न करने का विचार 6. बहुत ही तेज़ लहर 7. विलाप का उत्सव 8. देश-भक्ति 9. राष्ट्र का अस्तित्व 10. अस्तित्व

हुजूम-ए-ग़म तो बढ़ेगा ब-तर्फ़-ए-जाँ[1], जब तक
दिल-ओ-जिगर में लहू की सबील[2] जारी है

सितम तो ये है कि लगते ही भर गया वो ज़ख़्म
जो अह्ल-ए-दिल ने कहा था बहुत ही कारी[3] है

कहो तो और भी कुछ देर रोक लें इसको
शब-ए-फ़िराक़[4] से अपनी पुरानी यारी है

है अब ये ख़ौफ़, किसी शब इसे भी छीन न लो
कि दर्द-ए-हिज्र की जागीर भी तुम्हारी है

उसी की आँख नहीं चुप हुई, कई दिन से
मेरी निगाह भी अर्ज़-ए-सुख़न से आरी है

तर्क-ए-इश्क़[5] का पत्थर भी मिस्ल-ए-ख़्वाहिश-ए-इश्क़[6]
इसे भी चूम के उठ जा कि ये भी भारी है

ग़ज़ल 'नज़र' ने सुनाई तो लोग चीख़ उठे
कि ये ग़ज़ल तो नहीं, मर्सिया-निगारी[7] है

---

1. प्राण की ओर 2. पियाऊ 3. घातक 4. विरह की रात 5. प्रेम-त्याग 6. प्रेम की इच्छा जैसा 7. मर्सिये का अर्थ है शोक-गीत। मर्सियों में एक मरे हुए व्यक्ति के गुणों और मृत्यु के दृश्य का ऐसा वर्णन करने की कोशिश की जाती है कि पढ़ने वाला ज़ार-ज़ार रो उठे। अधिकतर मर्सिये महत्त्वपूर्ण व्यक्तियों की मौत पर लिखे गए हैं। उदाहरण के तौर पर, मिर्ज़ा ग़ालिब की मौत पर 'हाली' का मर्सिया, 'दाग़' की मौत पर अल्लामा इक़बाल का मर्सिया। लेकिन उर्दू कविता में शायद सबसे ज़्यादा मर्सिये पैग़ंबर हज़रत मुहम्मद के धेवते, हज़रत इमाम हुसैन के बलिदान पर लिखे गए हैं। हज़रत इमाम हुसैन और उनके क़बीले के बहत्तर लोगों (जिनमें जवान-बूढ़े, रिश्तेदार, महिलाएँ और छोटे-छोटे बच्चे भी शामिल थे) ने धार्मिक आस्था बनाए रखने के लिए अरब की भयंकर, झुलसती लू में जलती हुई रेत पर फ़रात नदी के किनारे कर्बला पर जो कुर्बानी दी वह पिछले तेरह सौ साल से पढ़ने वालों को ख़ून के आँसू रुलाती रही है। हज़रत इमाम हुसैन की शहादत पर लिक्खे गए मर्सियों में मीर अनीस और मिर्ज़ा दबीर के मर्सिये प्रसिद्ध हैं। इन मर्सियों के बैन, मुहर्रम के मौक़े पर, शिया मुसलमानों के ताज़ियों के जुलूस में सुनने को मिलते हैं।

10

वहशतों[1] के जाते ही दहशतों[2] ने आ घेरा
मसलहत[3] ने आ पकड़ा वाहिमों[4] ने आ घेरा

रौंद कर हरा जंगल एक पल न सोए थे
हाथियों के गल्ले[5] को च्यूँटियों ने आ घेरा

शह्रयार-ए-ख़ुदसर[6] से ये सवाल तो पूछो
एक दिन अगर उसको सिरफिरों[7] ने आ घेरा

ज़ेर[8] कौन कर सकता किसमें इतनी हिम्मत थी
मुझको उसकी महफ़िल में हैरतों[9] ने आ घेरा

दर्दनाक बातें कुछ मेरे दिल में भी आईं
शाम-ए-वस्ल[10] उसको भी रंजिशों[11] ने आ घेरा

सोच ने क़दम रक्खा तेरे शह्र में जब भी
दिल को तेरी क़ुर्बत[12] के फ़ासिलों ने आ घेरा

दश्त[13] की मसाफ़त[14] में आँधियाँ मुक़द्दर थीं
बह्र में उतरते ही बारिशों ने आ घेरा

बू-ए-याद-ए-याराँ[15] से नींद फिर उड़ी मेरी
फिर बहार आई फिर रतजगों ने आ घेरा

फिर हुई ग़ज़ालों[16] पर तंग ज़िंदगी उनकी
फिर सवाद-ए-सहरा[17] को बस्तियों ने आ घेरा

---

1. पागलपन, सबसे अलग रहना (बहु.) 2. भय (बहु.) 3. हित, अपने बनाव या बिगाड़ का ध्यान रखते हुए कोई काम करना 4. भ्रम (बहु.) 5. झुंड 6. अक्खड़ शासक 7. विद्रोही 8. काबू करना, बस में करना 9. आश्चर्य (बहु.) 10. मिलन की शाम 11. मन-मुटाव, अप्रसन्नता 12. सामीप्य 13. जंगल 14. यात्रा 15. मित्रगण या प्रेमिकाओं को याद की गंध 16. हिरण का बच्चा (बहु.) 17. जंगल के आस-पास की भूमिका

बाद एक मुद्दत के शेर के मुसाफ़िर को
चाँद के निकलते ही महरुख़ों[1] ने आ घेरा

फिर नज़र में लहराए शाम-ए-हिज्र के साये
चश्म-ए-मुंतज़िर[2] को फिर आँसुओं ने आ घेरा

दो ग़ज़लों से चन्द अशआर

दर्द हमारी महरूमी का तुम तब जानोगे
जब खाने आएगी चुप की सायँ-साएँ तुम्हें

जिन बातों ने प्यार तुम्हारा, नफ़रत में बदला
डर लगता है, वो बातें भी भूल न जाएँ तुम्हें

उड़ते पंछी, ढलते साये, जाते पल और हम
बैरन शाम का दामन थाम के रोज़ बुलाएँ तुम्हें

पास हमारे आकर तुम बेगाने से क्यों हो?
चाहो तो हम फिर कुछ दूरी पर छोड़ आएँ तुम्हें

किसने किस हाल में छोड़ा था वफ़ा का दामन
मसअला[3] ये तो मेरी जाँ बड़ी तकरार[4] का है

रात-दिन खोज में दरिया की सदा रहती है
आदमी कोई तेरे गाँव में उस पार का है

1. चाँद सी मुखड़ेवालियाँ 2. इंतज़ार करने वाली आँख 3. समस्या 4. वाद-विवाद

हर घड़ी मुहतसिब-ए-शह्र[1] हो मौजूद जहाँ
काम उस बज़्म में क्या मुझ से गुनहगार का है

झूलना दार पे इस अह्द में आसाँ है मगर
मरहला[2] सख़्त बहुत जुरअत-ए-इज़हार[3] का है

---

1. इस्लाम में शराब पीने की सख़्त मनाही है। जब अरबी मुसलमानों ने ईरान जीत लिया तो पाया कि ईरानियों को शराब पीने का अच्छा-ख़ासा शौक़ है। शराब की भट्ठियाँ बंद कर दी गईं लेकिन पीने वाले कहाँ रुकते थे। आज के हिंदुस्तान में नशाबंद राज्यों की तरह, ईरानी भी चोरी-छुपे शराब तैयार करते और पीते। अरब के मुस्लिम शासकों ने शराब पीने पर रोकथाम लगाने के लिए हर शह्र में एक ख़ास अफ़सर मुक़र्रर किया। अफ़सर का नाम था : मुहतसिब। मुहतसिब का काम भट्टियों पर छापा मारना, शराब की बोतलें तोड़ देना और शराब बनाने पीने वाले को कड़ी सजा दिलवाना था। चूँकि शराब ऐशो-आराम की चीज समझी जाती है, इसलिए उर्दू साहित्य में मुहतसिब के प्रतीक वे सभी व्यक्ति हैं जो दूसरों के ऐश्वर्य, भोग-विलास या रोमांटिक कार्रवाइयों में ख़लल डालते हैं 2. दशा, अवस्था 3. विचार या आशय प्रकट करने का साहस, अभिव्यक्ति का साहस।

जाज़िब आफ़ाक़ी

जाज़िब आफ़ाक़ी ने लिखी तो ग़ज़लें और नज़्में भी हैं, लेकिन वो मशहूर अपने क़ितओं के लिए हैं। ग़ज़ल की परम्परा में बात पूरी करने के लिए जब दो या दो से अधिक अशआर का इस्तेमाल किया जाए तो रचना क़िता (क़तआ) या क़िताबन्द अशआर कहलाती है। मौलाना हाली और मुहम्मद हुसैन आज़ाद जैसे लेखकों ने क़िते का प्रयोग शिक्षात्मक रचनाओं के लिए किया।

जाज़िब आफ़ाक़ी के ज़्यादातर क़िते हास्य-व्यंग्यात्मक हैं। प्रोफ़ेसर मुहम्मद हसन असकरी लिखते हैं, "क़तआत-निगारी ज़रा मुश्तबा[1] चीज़ है। इस सिन्फ़[2] को अमूमन लोगों ने लड़कपन या उठती जवानी के नीमगर्म जज़्बात के इज़हार का ज़रिया बनाया है। क़तआत-निगारी अभी तक जवान नहीं हुई। जज़्बात तो अलग रहे, क़तए की ज़बान तक महदूद हो कर रह गई है। हिर-फिर के वही हलक-ए-फुलके और मुबहम[3] अलफ़ाज़ आते हैं जो किसी जज़्बे की तरफ़ इशारा तो करते हैं लेकिन कोई ताज़ा ख़याल पेश करने से कतराते हैं। लेकिन आफ़ाक़ी ने इस सिन्फ़ को पुख़्ता जज़्बात और वज़नी ख़यालात के इज़हार का वसीला बनाया है। उसके अंदाज़-ए-बयान में वो बेरंग और सपाट ज़बान मिलेगी जो फ़लसफ़ियाना बहसों में इस्तेमाल होती है :

कभी अपने पे भी वो ग़ौर करते
मुझे करते रहे तंसीख-ओ-तरसीम[4]
मैं अपना हासिल-ए-क़िस्मत[5] रहूँगा
यूँ ही करते रहे गर इक पे तक़सीम[6]

न पूरा हो सका फिर ये फ़साना
अधूरा छोड़कर जाना पड़ेगा

---

1. संदिग्ध 2. विधा 3. अस्पष्ट 4. रद्द करना और संशोधन करना 5. भाग्यफल 6. भाग

मुझे ऐसा नज़र आता है शायद
अभी इक बार फिर आना पड़ेगा

"कभी वो आम बोलचाल की ज़बान इस्तेमाल करते हुए ज़िंदगी के मुख़्तलिफ़ दायरों में एक नया रिश्ता क़ायम करता है :

परिंदों में कहावत है ये मशहूर
कड़क मुर्ग़ी चुरा लेती है अंडे
मिरी फ़ितरत भी है तुर्फ़ा[1] तमाशा
कभी देती कभी सेती है अंडे

बग़ल में दिल की बैसाखी दबाए
उचकते आ रहे हैं टाँग उठाए
न जाने आज ये लँगड़े ख़यालात
कहाँ इक पाँव अपना भूल आए"

अपनी रचना-प्रक्रिया का विवरण देते हुए जाज़िब आफ़ाक़ी ने लिखा है, "मैं एक ग़म-रसीदा[2] आदमी हूँ। कुछ नहीं तो पचास बरस से शेर-गोई से ग़म ग़लत करने की ग़लती करता रहा हूँ। मगर ग़म है कि कम होने का नाम नहीं लेता, कुछ बढ़ता ही जा रहा है। शुरू में शायरी के सिवा और कोई ख़ास मसरूफ़ियत नहीं थी फिर शायरी के साथ नौकरी भी हो गई। अब एक मुद्दत से सिर्फ़ शायरी रह गई है। शेर-गोई को बेकारों का काम कहा जाता है और ये कुछ ग़लत भी नहीं।

"एक ज़माने में मेरा नाम भी ख़ासा जाना-पहचाना था। मगर तवील रूपोशी[3] की वजह से आज के लोगों के लिए अजनबी हूँ। इसकी वजह एक मेरी तबिअत भी है। शोहरत[4] से मिलने वाले इनआमात जानता हूँ। मगर मैंने कभी उस तरफ़ तवज्जो नहीं दी। शोहरत की भी दो क़िस्में होती हैं। एक वो जो ज़िंदगी में हासिल हो और दूसरी वो जो मरने के बाद नसीब हो। सभी अह्ल-ए-क़लम[5] मरने के बाद की शोहरत के ख़्वाहाँ[6] नहीं होते। हर दौर में ज़्यादा तादाद ऐसों ही की होती है जो अपने ज़माने में मक़बूलियत[7] चाहते हैं। आख़िर में तो खरा सिक्का खोटे सिक्के को बाज़ार से ख़ारिज[8] कर देता है। मगर शुरू-शुरू में, खोटा खरे के मुकाबले में ज़्यादा चलता है। मरने के बाद की शोहरत का मज़ा मालूम

1. अनोखा 2. दुखी 3. बहुत समय तक मुँह छिपाने 4. प्रसिद्धि 5. साहित्यकार 6. इच्छुक 7. लोकप्रियता 8. बाहर

करने के लिए मरना ज़रूरी है। पर जीते-जी कौन मरता है। दुनिया की तरह, अदबी दुनिया में भी सच्चे इंसाफ़ की कमी है। मगर जो शायरी अपने लिए की जाए, उसे इंसाफ़ की उम्मीद और ना-इंसाफ़ी की शिकायत से परे होना चाहिए। अगरचे यह है ज़रा मुश्किल बात। जहाँ तक मेरा तअल्लुक़ है, मुझे ऐसी कोई शिकायत नहीं और न होनी चाहिए क्योंकि मैंने अब तक किसी को इंसाफ़ या ना-इंसाफ़ी का मौक़ा ही कब दिया है।

"शेर कहने के लिए किसी मुशाहिदे[1] या वाक़िए[2] से शिद्दत के साथ मुतास्सिर[3] होना ज़रूरी है। तूफ़ानी कैफ़ियत को क़लम-बंद करने के लिए वक़्ती सुकून की भी ज़रूरत होती है। मैंने यह महसूस किया है कि सूरज निकलने से पहले का वक़्त, और साल के शुरू और आख़िर के चार महीने मेरी शेर-गोई के लिए ज़्यादा साज़गार[4] ख़िज़ाँ का मौसम होते हैं। साल के बाक़ी अर्से में शेर-गोई की रफ़्तार सुस्त हो जाती है।"

आफ़ाक़ी साहिब के क़तआत का एक संकलन 1957 में 'शब-ए-चराग़' के नाम से छपा था। लेकिन छपने के बाद भी अपरिहार्य कारणों से बाज़ार में नहीं आ सका। किसी दूसरे की आग में जल गया। पर पहली किताब के नष्ट हो जाने भर से उनकी कविता नहीं मरी। वे न हताश हुए, न लिखना बंद किया। सन् 1975 में उनकी ग़ज़लों, नज़्मों और क़तआत का संकलन 'हनूज़' प्रकाशित हुआ।

1. अनुभव 2. घटना 3. प्रभावित 4. अनुकूल

ग़ज़ल

1

नए गाहक ब-मुश्किल अब ये सौदा मोल लेते हैं
परखते हैं अदाएँ और भाव खोल लेते हैं

कहीं अश्कों की आमेज़िश[1] न की हो इनमें यारों ने
मुकर्रर[2] एहतियातन[3] मोतियों को रोल लेते हैं

नहीं होता नुमायाँ फ़र्क़ हलक-ए-भारी पलड़ों का
मगर हम आँखों-आँखों में तराज़ू तोल लेते हैं

न बर आए[4] अगर उम्मीद कोई ग़म नहीं करते
कि हर उम्मीद से हम पहले दो-इक झोल लेते हैं

उलझ कर रह गए लफ़्ज़ों में और मतलब नहीं पाए
गिरी[5] को छोड़कर अह्ल-ए-नज़र अब खोल[6] लेते हैं

क़द-ओ-गेसू[7] पे आफ़ाक़ी गुमाँ दार-ओ-रसन[8] का है!
पुराने रोग यूँ बैठ-ए-बिठाए मोल लेते हैं

2

इस सम्त से गुज़रे हैं कहते हुए दीवाने
अल्लाह रखे अब फिर आबाद हैं वीराने!

1. मिलावट 2. दुबारा 3. सावधानी के रूप में 4. पूरी हो 5. गूदा 6. छिलका 7. क़द और बाल 8. सूली और रस्सी।

कहते हैं कि देखी है ये शक्ल कहीं पहले
पहचाने हैं यूँ मुझको जैसे न हों पहचाने

आँखों से नमी ले कर ऐ नोक-ए-मिज़ा[1] तुझसे
हम लिखते रहे दिल पर अफ़सानों पे अफ़साने

था उनको ये अंदेशा हम फिर न भटक जाएँ
या रब[2] दर-ए-काबा[3] तक साथ आए हैं बुतख़ाने

क्या शम्अ नहीं होगी इस शब में कहीं रौशन
कहते हैं अँधेरे में परवानों से परवाने

इस दौर में आफ़ाक़ी मयकश हैं न है साक़ी
और लुत्फ़ ये है अज़-ख़ुद[4] गर्दिश में हैं पैमाने

3

था यहाँ तक साथ अपना, शुक्रिया शबनम बहुत
ऐ रफ़ीक़-ए-शब[5] हमें आगे हैं दिन के ग़म बहुत

हम भरी महफ़िल से यूँ उट्ठे कि सब हैरत में थे
क्या कहें, मजबूर थे घुटने लगा था दम बहुत

और किससे पर्दादारी हो सकेगी दिल के बाद
अपनी शोहरत के लिए है एक ही महरम बहुत

हम अगर अफ़सुर्दा[6] हैं इसमें किसी की क्या ख़ता
था क़ुसूर अपना कि रखते थे तवक़्क़ो[7] हम बहुत

दिल-शिकन माज़ी[8] की यादें, अब के ग़म, आगे की फ़िक्र
इस पे ये हसरत भी है, दिल एक है मातम बहुत

---

1. पलक की नोक 2. हे ईश्वर 3. काबे का दरवाज़ा 4. अपने आप 5. रात का साथी
6. उदास 7. आशा 8. अतीत

क्या हुआ ऐ दिल अगर उसने किया तर्क-ए-वफ़ा[1]
हमको ग़म हो किसलिए, तू है तो ऐसे ग़म बहुत

अब जो देखा हर क़दम पर थीं नई पाबंदियाँ
ख़ुल्द[2] से निकले तो रोए हज़रत-ए-आदम बहुत

4

शब-ए-हिज्र से जो न हो सका, शब-ए-वस्ल काम वो कर गई
कोई जज़्बा और निखर गया, कोई शक्ल और सँवर गई

अब अगर कहें भी तो क्या कहें, कि जुदा हुए थे वो इस तरह
कोई सुब्ह थी जो नहीं हुई, कोई रात थी जो गुज़र गई

इधर एक बार ही देख के, ये नज़र से मुझको बता तो दो!
जो कहा था तुमने निगाह से, वो ज़ुबान कैसे मुकर गई

मह-ओ-मह्र[3] हों कि हों बह्र-ओ-बर[4], थे जहाँ-जहाँ वो वहीं रहे
मगर एक मुश्त-ए-ग़ुबार[5] है कि सिमट-सिमट के बिखर गई

ये नशेब[6] है वो फ़राज़[7] है, वही फ़र्क़-ए-पस्त-ओ-बुलंद[8] है
ये गुमान हमको हुआ था क्यों, कि तमीज़-ए-ज़ेर-ओ-ज़बर[9] गई

न वो ख़्वाहिशें, न वो कोशिशें, न वो कुल्फ़तें[10] न वो राहतें[11]
मेरी ज़िंदगी मेरे सामने, तेरी ज़ुल्फ़ बन के बिखर गई

नए राह-रौ, नई रहगुज़र, नए क़ाफ़िले, नई मंज़िलें
ये सुना है मंज़िल-ए-यार थी मगर अब तो वो भी गुज़र गई

---

1. प्रेम त्याग 2. स्वर्ग 3. चाँद और सूरज 4. समुद्र और धरती 5. मुट्ठी भर मिट्टी, मनुष्य 6. निचाई 7. ऊँचाई 8. ऊँच-नीच का अंतर 9. ऊँच-नीच की पहचान 10. दुख (बहु.) 11. सुख (बहु.)

न ख़याल-ए-गेसू-ओ-रुख़ है अब, न शऊर-ए-ज़ुलमत-ओ-नूर है
शब-ओ-रोज़ जिस पे थे मुनहसिर[1] वो दलील-ए-शाम-ओ-सहर गई

5

आदत नहीं, करें जो शिकायत किसी से हम
करते ज़रूर वर्ना कभी आप ही से हम

कोई क़ुसूरवार नहीं इसमें दोस्तो!
जो कुछ भी हैं, हुए हैं ख़ुद अपनी ख़ुशी से हम

देखा है जब भी आईना महसूस यूँ हुआ
वाक़िफ़ हुए हैं जैसे किसी अजनबी से हम

हम क्या हैं क्या नहीं अभी इसका पता नहीं
वैसे दिखाई देते हैं इक आदमी-से हम

पीछे से खेंचता कोई दामन है बार-बार
शायद कुछ आगे बढ़ गए ख़ुद-आगही[2] से हम

आगे अभी तो और नशेब-ओ-फ़राज़[3] हैं
आसूदगी[4] को ढूँडते क्यों हैं अभी से हम

दैर-ओ-हरम[5] में कब से वो मौज़ू-ए-बह्स[6] है
इक बार बात कह जो गए थे हँसी से हम

6

ये बात फ़क़त हम समझे हैं या दीदा-ए-जानाँ जाने है
दीदार को इतना होश तो है आईने को हैराँ जाने है

---

1. निर्भर 2. आत्मज्ञान 3. निचाई और ऊँचाई 4. संतोष 5. बुतख़ाना और काबा 6. वादविवाद का विषय

रंगीनी-ए-ख़ून-ए-अरमाँ[1] है, नैरंगी-ए-यास-ओ-हिरमाँ[2] भी
दुनिया को न जाने वह्म है क्या दिल को मेरे वीराँ जाने है

ऐ काश कोई ख़ुद आ के कभी इस वह्म को दिल से दूर करे
ये क़ुर्ब[3] को मुश्किल समझे है, ये बोद[4] को आसाँ जाने है

इस बज़्म-ए-तरब[5] में सबके लिए अनजान हों हम ये बात नहीं
सच ये है मगर इतनों में हमें इक शम-ए-फ़रोज़ाँ[6] जाने है

गुलशन के नज़ारे हँस-हँस कर उकसाते रहे गुलचीनी[7] पर
आदाब-ए-चमन[8] से नावाक़िफ़ तहरीक-ए-गुलिस्ताँ[9] जाने है

क्यों अहल-ए-चमन दिलगीर न हों नादानी-ए-दिल की हद है कोई
बीमार समझ कर नरगिस को, संुबुल[10] को परीशाँ जाने है

क्या हाल वो था जब अपने लिए इक ख़ाल-ए-रुख़-ए-जेबा[11] था बहुत
क्या आज ये दिल का आलम है आफ़ाक़[12] को ज़िंदाँ[13] जाने है

आशुफ़्ता-सरी[14] में हमने कभी वो ख़ाक जो सर पर डाली थी
उस ख़ाक का अब इक-इक ज़र्रा अपने को बियाबाँ जाने है

ऐ सर्द हवाओं के झोंको तुम होश में उसको ला न सके
आग़ाज़-ए-ख़िज़ाँ[15] को आफ़ाक़ी तमहीद-ए-बहाराँ[16] जाने है

7

मुहब्बत का बिगड़ा सँवरता नहीं
जो डूबे यहाँ फिर उभरता नहीं

ये इक लम्हा जिसको ज़माना कहें
ठहरता नहीं और गुज़रता नहीं

---

1. इच्छा के ख़ून की रंगीनी 2. निराशा का चक्र 3. समीपता 4. दूरी 5. ख़ुशी की सभा 6. जलती हुई शमा 7. फूल तोड़ना 8. बाग़ के नियम 9. बाग़ की प्रेरणा 10. गेहूँ या जौ की बाल 11. सुन्दर मुख का तिल 12. संसार 13. कारागार 14. पागलपन 15. पतझड़ शुरू होना 16. वसंत का शुरू होना

जिसे अपने आग़ाज़ का इल्म है
वो अंजाम से अपने डरता नहीं

ख़फ़ा मुझसे हैं अहल-ए-दैर-ओ-हरम[1]
जो मैंने कहा था मुकरता नहीं

मेरी एक ख़ूबी यही है बहुत
ज़ुबाँ से जो कहता हूँ करता नहीं

मेरे सर पे औरों के इलज़ाम हैं
मैं इलज़ाम औरों पे धरता नहीं

न रोएँ जो आँखें तो रोता है दिल
मगर जी है अपना कि भरता नहीं

रहा है मेरे साथ हर हाल में
वो माज़ी कभी जो गुज़रता नहीं

जो ज़िंदा रहा दूसरों के लिए
वो मरता है ऐसे कि मरता नहीं!

क़तआत

मेरा ये फ़र्ज़ है जब कायनात सोती हो
ज़मीं के नाम सितारों का मैं पयाम लिखूँ
सहर तो वक़्फ़[2] हुई जल्वा-ए-सहर के लिए
कटी है रात जो आँखों में किसके नाम लिखूँ

1. बुतख़ाने और काबे वाले, धर्म-गुरु 2. ख़ुदा के नाम पर दान की हुई वस्तु या संपत्ति आदि

दिलों में गो ख़लिश है एक जैसी
लबों पर लेकिन आह-ए-मुख़्तलिफ़ हैं
नसीम-ए-सुब्ह की, फ़रियाद-ए-शब की
है मंज़िल एक, राहें मुख़्तलिफ़ हैं

नहीं पस्ती, बुलंदी है ख़तरनाक
अज़ाइम[1] बन गए हैं सिर में चक्कर
फिसलते हैं क़दम पस्ती की जानिब
सहारा ढूँडते हैं हाथ ऊपर

कभी रौशन न था ये दिल कि बुझता
हवा ने शम्अ भी मेरी बुझा दी
सहर होगी, मगर उस वक़्त शायद
नज़र हो जाएगी ज़ुलमत[2] की आदी

तग-ओ-दौ[3] करने वाले कर रहे हैं
ये दुनिया है 'लंगोटी' भागते की
गुज़रते हैं मगर अपने शब-ओ-रोज़
कहानी बन के 'सोते-जागते' की

तेरे आगे मैं अक्सर सोचता था
कटेगी तेरे पीछे उम्र कैसे?
न गुज़रे ज़िंदगी, ये तो नहीं है
मगर हर साँस में सदियाँ हों जैसे

सुलझ कर और उलझती जा रही है
मुअम्मा[4] बन गई है ज़िंदगी क्या
ख़ुद अपनी शक्ल पर हैरत है मुझको
बनाना चाहा क्या था, बन गई क्या

1. संकल्प (बहु.) 2. अँधेरा 3. दौड़-धूप 4. पहेली

न ज़ाहिर हो कभी जुगनू की सूरत
अगर परवाना लौ में जल न जाए
ज़रूर आएगा आफ़ाक़ी[1] दुबारा
मगर इस शक्ल में शायद न आए

नहीं किस पे तारी ख़्वाब-ए-ग़फ़लत[2]
मगर वो ज़ात, जो सोए न ऊँगे[3]
न जाने उस तरफ़ क्या है लहद[4] के
इधर अंधे उधर बसते हैं गूँगे

ज़मीं ऊँचे दरख़्तों से है शाकी[5]
हुए औरों का हक़ खा-खा के मोटे
नहीं मौक़ूफ़[6] पौदों पर, कहीं भी
बड़ों के साये में पनपे न छोटे

हुई है ज़िंदगी मसहूर[7] जिनसे
ख़िरदमंदी[8] के अफ़साने नहीं थे
जो क़ायम कर गए हस्ती की क़दरें
वो दीवाने थे, फ़रज़ाने[9] नहीं थे

नहीं गो सादा-लौह[10] अपनी तबीअत
न आया मक्र[11] भी हमको मुवाफ़िक़[12]
न जाने किस तरह लोगों के चेहरे
बदल जाते हैं ख़्वाहिश के मुताबिक़

नहीं वाबस्तगी[13] हस्ती से जिसको
वो दिल-बर्दाश्ता जीने से क्यों हो
मैं ख़ुद भी अपनी सूरत से हूँ वाक़िफ़
शिकायत मुझको आईने से क्यों हो

---

1. कवि का तख़ल्लुस, उपनाम 2. गहरी नींद 3. ऊँघे 4. क़ब्र 5. शिकायत करने वाला 6. निर्भर 7. मंत्रमुग्ध 8. बुद्धिमत्ता 9. बुद्धिमान 10. भोली 11. छल 12. अनुकूल 13. संबंध

न तोड़ा जाए गर पक्का हुआ फल
तो ख़ुद डाली से गिर जाता है अक्सर
ख़याली रिफ़अतों[1] से इब्न-ए-आदम[2]
ज़मीं पर फिर पलट आता है अक्सर

तेरी खातिर जहान-ए-रंग-ओ-बू में मैं
कब तक इस तरह आता रहूँगा
तेरे दीदार की ख़्वाहिश में पैहम[3]
कहाँ तक ख़ुद को दोहराता रहूँगा

तमद्दुन[4] कारखानों का धुआँ है
फ़ज़ा में साँस लेना भी गराँ है
पलट कर आफ़ियत[5] जब दिल से चाही
हुआ मालूम ये अंधा कुआँ है

ठिकाना अपना कर ले अब कहीं और
नहीं ऐ दिल! रहे हम तो कहीं के
बस इक हल्क़े में चक् कर खा रहे हैं
जुते हैं जब से कोल्हू में ज़मीं के

क़सर इसमें नहीं है ज़िंदगी का
अगर मर जाएँ मर जाने के डर से
चमन में ख़ुश्क हो जाती हैं कलियाँ
नहीं खिलतीं जो मुरझाने के डर से

न कीजे ज़ब्त[6], बहने दीजे उनको
जो अश्क आँखों में हो जाएँ हुवैदा[7]
मुक़य्यद[8] जब किया जाता है पानी
अफ़ूनत[9] उसमें हो जाती है पैदा

---

1. उच्चता (बहु.) 2. आदम का बेटा, मनुष्य 3. बार-बार 4. संस्कृति 5. सुख 6. सहन 7. प्रकट 8. क़ैदी, रोकना 9. सड़ाँध

ये मिट्टी का दिया कब तक जलेगा!
धुआँ अब देर से जो दे रहा है
इसे हँसना नहीं आता तो रोए
मगर ये सुबकियाँ क्यों ले रहा है

तराज़ू अब लिये बैठे हैं जज़्बात
अलामत[1] है ये अपने हारने की
निगह रखिये ज़रा हाथों पे इनके
इन्हें आदत है डंडी मारने की

बहुत दिलचस्प हैं ये काग़ज़ी फूल
नया रंग और नई ख़ुशबू है जिनमें
इन्हें ले जा के शाख़ों पर लगा दो
कि मुरझाने की ख़ू पैदा हो इनमें

किया जब हमने इज़हार-ए-तमन्ना
वो दीवाना समझ के मुस्कुराए
ब-हर-कैफ़[2] अपनी ख़्वाहिश भी यही थी
कहें हम और यक़ीं उनको न आए

नहीं अब खोल की कोई ज़रूरत
गिरी को साथ उसका छोड़ना है
जो फलना चाहता है पेड़ बन कर
उसे गुठली को पहले फोड़ना है

बारहा पाँव उलझ कर रह गए हैं ख़ोल में
या चिपक कर उसमें कुछ अपने नए पर रह गए
इतनी हिम्मत अब नहीं पड़ती कि बाहर आ सकें
सिर्फ़ दो-इक बार हम छिलका खुटक कर रह गए

---

1. निशानी 2. हर हाल में

किरन जैसी नज़र आई थी जो शय बाद मुद्दत के
दिखा कर इक झलक अपनी न जाने वो कहाँ चल दी
है जंगल की तरह शायद हक़ीक़त ज़िंदगानी की
जहाँ दिन देर में होता है, रात आ जाती है जल्दी

कभी सख़्ती कभी नर्मी से हस्ती
मुझे कोल्हू में अपने पेलती है
ये है बिल्ली की चूहे से मुहब्बत
जो आख़िर दम तक उससे खेलती है

सखी चरख़ा लिये बैठी है कब से
इधर पूनी उधर रक्खे हैं गाले
यह अपने दिल में शायद सोचती है
जो बल तकले में हैं कैसे निकाले

फ़रीद जावेद

फ़रीद जावेद का जन्म 11 अक्टूबर, 1927 को सहारनपुर (उत्तर प्रदेश) में हुआ। 1947 के बाद फ़रीद जावेद देहली से कराची तो आ गया, लेकिन उसके माँ-बाप, बहन-भाई, घर-बार सब कुछ देहली में छूट गया। पर उसने दूसरे साहित्यकारों की तरह सिर्फ़ फ़सादात को ही अपनी कविता का विषय नहीं बनाया, न उन मुसीबतों का रोना रोया जो परदेस में सबके हिस्से में आई थीं। आग और ख़ून के सैलाब से ग़ुज़र कर अजनबी पनाहगाहों में ग़रीबी और बेरोज़गारी की समस्याओं से दो-चार फ़रीद जावेद परदेस में पतझड़ के पत्ते की तरह भटकता कभी थक जाता तो किसी कोने में जा कर रो लेता। लेकिन हिन्दुस्तान में छूट गए अपने अतीत की तलाश उसे ता-उम्र रही :

जो लोग मिल नहीं सकते तलाश है उनकी
जो फूल खिल नहीं सकते उन्हीं का ख़्वाहाँ हूँ

सारी उम्र, वो जहाँ प्यार की घनी छाँव देखता, सुस्ताने बैठ जाता। जहाँ ख़ुलूस का हाथ बढ़ते देखता, गले लग जाता। उसने कराची को देहली तो नहीं माना, लेकिन देहली का बदल समझकर धीरे-धीरे क़ुबूल कर लिया था। हबीब जालिब, किरमानी, रसा चुग़ताई, शाहिद इश्क़ी, क़ैसर हसनी या नसीर हैदर उसकी रातों की आवारगी के शरीक थे। वो कराची के इन सब दोस्तों को अपने संबंधियों की तरह गले लगाता, रात-रात भर यारों के साथ सड़कों पर घूमता, थक जाता तो किसी शराबख़ाने में ताज़ा दम हो कर फिर रतजगों की आवारगी में लौट जाता।

1957 में कराची यूनीवर्सिटी से उर्दू एम.ए. करने के बाद फ़रीद जावेद ने शादी की, शराब छोड़ी, नौकरी पकड़ी, पर यारों का यार रहा। मुज़्तबा हुसैन ने बयान किया है :

"सन् 1950-51 का ज़माना था। मुझे कराची में आए हुए एक साल हो चुका था। कराची की सड़कें उस वक़्त इतनी पुर-शोर[1] नहीं थीं। एक दिन उन्हीं सड़कों, शायद जैकब लाइन के फुटपाथ पर, मुझे फ़रीद जावेद नज़र आया, एक अंधे आदमी की उँगली पकड़े हुए। इसके बाद मैं फ़रीद ज़ावेद से कई बार साहित्यिक गोष्ठियों, मुशायरों, कॉफ़ी हाउस और चायख़ानों में मिला। मगर ज़हन में उन मुलाक़ातों की कोई याद नहीं। पहली याद उसका सड़कों पर एक अंधे आदमी की उँगली पकड़े हुए फिरते रहना है। यह साहिब मीर जव्वाद हुसैन थे। काफ़ी बूढ़े थे। तंग मोहरी का पायजामा और कोट पहनते थे। फ़रीद जावेद जवान था, शेरवानी पहनता था। उसका चेहरा तो कुछ अजीब बेढंगा और सियाह था। पर उस चेहरे के नीचे जो दो होंठ लटके हुए थे उन से बड़ी नर्म और गर्म बातें टूट-टूट निकलती थीं। दोनों की अजीब जोड़ी मुसलसल बातें करते हुए चलती थी। हँसमुख, मिलनसार मीर जव्वाद हुसैन का फ़िक़रे चुस्त करने में कोई सानी नहीं था। तालीम मामूली थी मगर बड़े सुहबतयाफ़्ता और मजलिसी[2] थे। ज़ौक़-ए-शेर[3] वो कि मीर साहिब अगर किसी शेर को नापसंद कर दें तो लिखने वाला कितना ही पढ़ा-लिखा आदमी क्यों न हो, फिर उस शेर को ज़िंदा नहीं कर सकता था। हिंदुस्तान के बेशतर छोटे-बड़े शायरों से वे वाकिफ़ थे। जिगर साहिब की शायरी के बड़े दिलदादा थे। जिगर साहिब भी उनसे वो गहरा तअल्लुक़-ए-ख़ातिर[4] रखते थे कि जब भी कराची आते मीर साहिब को ज़रूर बुलवाते। मीर साहिब से अपने अशआर की दाद पा कर, जिगर साहब खिल उठते।

"फ़रीद जावेद की दूसरी याद जो किसी तरह धुँधली नहीं पड़ती, एक हज्जाम की दुकान की बात है। मैं बाल कटवाने गया। देखा कि एक शख़्स पहले ही से शेव करवा रहा है तो ख़ाली कुर्सी पर बैठ गया और पास रखे हुए अख़बार को पढ़ने लगा। अचानक कान में शेर सुनाने की आवाज़ पड़ी तो चौंका। शेर था :

गुफ़्तगू किसी से हो तेरा ध्यान रहता है
टूट-टूट जाता है सिलसिला तकल्लुम[5] का

मैंने मुड़कर देखा। आईने में फ़रीद जावेद की शक्ल नज़र आई। वो कोई खुफ़िया बात कहने के लहजे में हज्जाम को अपने अशआर सुना रहा था।

---

1. कोलाहलपूर्ण 2. महफ़िलों में सम्मिलित होने वाले 3. काव्य रसिकता 4. दिली लगाव 5. वार्तालाप

मुझे मुतवज्जेह[1] देखकर हज्जाम रुक गया, फ़रीद जावेद ने गर्दन मोड़ी और हम दोनों हँस पड़े।"

सुकूत-ए-नीमशबी[2] है कि ढल रही है शराब
ये चाँदनी है कि तेरे ख़याल का साया

गुज़ार दें जिसे आसाँ वो ज़िंदगी भी नहीं
सुकून भी है मगर दर्द में कमी भी नहीं

फ़रीद जावेद के ऐसे अशआरों से जिगर और फ़िराक़ की याद आती है। लेकिन फ़िराक़ का रंग फ़रीद जावेद पर बहुत हलका है। उसका 'सोचना' दरअसल 'महसूस करना' है। फ़िराक़ की शायरी 'मुहब्बत करने की शायरी' उतनी नहीं है जितनी 'मुहब्बत करने के बाद क्या गुज़रती है' की शायरी है। जब कि जिगर की शायरी उस दीवानगी की शायरी है जब आदमी को 'मुहब्बत, मुहब्बत, मुहब्बत, मुहब्बत' के सिवा कुछ नहीं सूझता।

लेकिन फ़रीद जावेद का दुख जिगर से मुख़्तलिफ़ था। जिगर का दुख मुहब्बत की महिमा का मलाल है। फ़रीद जावेद का दुख उस शख़्स का पछतावा है जो ये जानते हुए भी कि वो कभी किसी का होकर नहीं रह सकता, उम्र-भर रिश्ते जोड़ने की कोशिश करता है। जिगर की शायरी इश्क़िया शायरी है, फ़रीद जावेद की शायरी इश्क़-आफ़रीनी[3] की शायरी है।

फ़रीद जावेद के अशआरों के पीछे कारीगरी की कोई ऐसी कोशिश नज़र नहीं आती कि जिससे लगे कि शायर ने उनको चंद मख़सूस[4] हल्क़ों में पसंद करवाने के वास्ते लिखा है। फ़रीद जावेद ने अपने सर उर्दू शायरी को बनाने, सँवारने या शायरी में नया शऊर पैदा करने की कोई ज़िम्मेदारी नहीं ली। वो, अच्छे-बुरे जैसे भी हों, शेर कहता रहा। उसकी शायरी धोके की शायरी नहीं है। शायर बनने की तमन्ना उसमें कम थी, अच्छे शेर कहने-सुनने की ज़्यादा। उसने सिर्फ़ अपने दुख को बयान किया, और ये मानकर कि दुख की ज़बान हर शख़्स समझ सकता है। शायद इसीलिए वो हज्जाम को अपने अशआर सुना सकता था और उससे दाद पाकर मगन भी हो सकता था। फ़रीद जावेद की दुनिया बड़ी महदूद[5] थी। चंद दोस्त, चंद यादें, चंद रातें। उन्हीं सड़कों पर आवारागर्दी, वही शराबख़ाने।

---

1. ध्यान आकर्षित 2. आधी रात का सन्नाटा 3. प्रेम की रचना 4. प्रमुख 5. सीमित

इससे आगे न उसने कुछ चाहा, न पाया। जो बेनियाज़ी[1] उसकी ज़िंदगी में थी, वही कविता में :

तुम हो शायर, मेरी जान जीते रहो
शेर कहते रहो ज़ह्र पीते रहो

संकलन : 'सिलसिला तकल्लुम का', सन् 1980 में फ़रीद जावेद मेमोरियल कमेटी, कराची की ओर से प्रकाशित हुआ।

27 दिसंबर, 1977 को कराची में मरते वक़्त वो असिस्टेंट प्रोफ़ेसर था। मस्त-मौला, बे-नियाज़ मगर दोस्त-दोस्त-सा आदमी। अफ़सोस जल्द मर गया।

1. बेपर्वाई

1

ना-शगुफ़्ता कलियों में शौक़ है तबस्सुम का
बार सह नहीं सकतीं देर तक तलातुम[1] का

जाने कितनी फ़रियादें ढल रही हैं नग़मों[2] में
छिड़ रही है दुख की बात नाम है तरन्नुम[3] का

कितने बेकराँ दरिया पार कर लिए हमने
मौज-मौज में जिनकी ज़ोर था तलातुम का

ऐ ख़याल की कलियों और मुस्कुरा लेतीं
कुछ अभी तो आया था रंग सा तबस्सुम[4] का

गुफ़्तगू किसी से हो, तेरा ध्यान रहता है
टूट-टूट जाता है सिलसिला तकल्लुम[5] का

हसरत-ओ-मुहब्बत से देखते रहो 'जावेद'
हाथ आ नहीं सकता हुस्न माह-ओ-अंजुम[6] का

2

आज सुकूँ में ढल गया दिल का तमाम इज़्तिराब[7]
तश्ना-लबी[8] के बावजूद अब नहीं ख़्वाहिश-ए-शराब

1. बाढ़ 2. गीत (बहु .) 3. स्वर-माधुर्य 4. मुस्कुराहट 5. वार्तालाप 6. चाँद और तारे
7. व्याकुलता 8. प्यास

जाम-ओ-सुबू[1] का खेल था कैसे सँभालता शबाब
कशिश-ए-एहतियात से और छलक गई शराब

कशमकश-ए-हयात[2] से ये भी हुआ कि बारहा[3]
उनके पयाम-ए-नाज़[4] का बन न पड़ा कोई जवाब

नक़्श-ओ-निगार-ए-आरज़ू[5] कोई फ़रेब-ए-नौ[6] नहीं
भूल गया हूँ देख कर ऐसे कई हसीन ख़्वाब

जलवा-फ़िशाँ था[7] आफ़ताब[8], आपका इंतज़ार था
आपका इंतज़ार है, डूब रहा है आफ़ताब

3

समझ रहे थे कि अब भर चला है ज़ख़्म-ए-कुहन[9]
मगर कुछ और ही कहती है आज दिल की दुखन

ज़रा सी बात समझने में कितना उलझा हूँ
मेरे लिये थे मेरी ज़िंदगी के रंज-ओ-मिहन[10]

बहार ख़ुद भी पशेमान तो हुई होगी
भरे चमन में मुझे देख कर तही-दामन[11]

जो सोचिये तो वही ज़िंदगी की उरयानी[12]
जो देखिए तो बहुत से हसीन पैराहन

नज़र-नज़र में है जावेद मंज़िलों का जमाल[13]
नफ़स[14]-नफ़स में मचलती है ज़िंदगी की लगन

---

1. शराब का पियाला और मटका 2. जीवनसंघर्ष 3. प्राय: 4. घमंड भरा संदेसा 5. इच्छा के सुन्दर सपने 6. नया धोखा 7. चमक रहा था 8. सूरज 9. पुराना घाव 10. कष्ट और प्रयास 11. ख़ाली दामन 12. नग्नता 13. सौन्दर्य 14. साँस

4

तल्ख़[1] गुज़रे कि शादमाँ[2] गुज़रे
ज़िंदगी हो तो क्यों गिराँ[3] गुजरे

था जहाँ मुद्दतों से सन्नाटा
हम वहाँ से भी नग़्मा-ख़्वाँ[4] गुज़रे

मरहले[5] सख़्त थे मगर हम लोग
सूरत-ए-मौज-ए-रवाँ[6] गुज़रे

मेरे ही दिल की धड़कनें होंगी
तुम मेरे पास से कहाँ गुज़रे

क्यों न ढल जाए मेरे नग़्मों में
क्यों तेरा हुस्न रायगाँ[7] गुज़रे

चंद लम्हे ख़याल-ओ-ख़्वाब[8] सही
चंद लम्हे अनीस-ए-जाँ[9] गुज़रे

कितने ख़ामोश हादसे 'जावेद'
दिल ही दिल में निहाँ-निहाँ[10] गुज़रे

5

अपनी महरूमियों[11] पे प्यार आया
फिर मुझे अपना एतिबार आया

याद आई बिछड़ने वालों की
सर-ए-मंज़िल कभी क़रार आया

---

1. अरुचिकर 2. प्रसन्नचित्त 3. भारी 4. गाते हुए 5. कठिनाई (बहु.) 6. बहती हुई लहर की तरह 7. निष्फल 8. विचार और सपना 9. प्राण का मित्र 10. छिपे-छिपे 11. असफलता (बहु.)

धूप सहरा की मुंतज़िर थी मिरी
साया-ए-गुल न साज़गार आया

हम जो वीरान रास्तों पे चले
साथ इक साया-ए-बहार आया

चूम ले मयकदे की रात मुझे
सख़्त था दिन का बोझ उतार आया

6

गुज़ार दें जिसे आसाँ वो ज़िंदगी भी नहीं
सुकून[1] भी है मगर दर्द में कमी भी नहीं

मिले हैं यूँ तो नए रंग भी ख़यालों को
बिखर गई है जो महफ़िल वो भूलती भी नहीं

तअल्लुक़ात-ए-मुहब्बत[2] पे जाने क्या गुज़रे
अब अह्ल-ए-शौक़[3] में पहली सी सादगी भी नहीं

हसीन ख़्वाबों से अब भी उलझ रहा है ख़याल
हसीन ख़्वाबों की ताबीर कुछ मिली भी नहीं

असर से जिसके निखरती है ज़िंदगी 'जावेद'
वो चोट दिल ने तुम्हारे अभी सही भी नहीं

7

सहल[4] राहें तो ब-हर-गाम[5] हैं चलने के लिए
दिल ही आमादा[6] नहीं राह बदलने के लिए

तूने अच्छा ही किया दोस्त सहारा न दिया
मुझको लग़्ज़िश[7] की ज़रूरत थी सँभलने के लिए

---

1. शान्ति 2. प्रेम संबन्ध 3 प्रेमी जन 4. आसान 5. पाँव के लिए 6. तैयार 7. डगमगा जाना

रास्ता रोकने वालो तुम्हें मालूम नहीं
तुमने पैग़ाम दिया है मुझे चलने के लिए

धीमा-धीमा सही उलझे हुए अनफ़ास[1] का राग
एक आवाज़ तो है दिल के बहलने के लिए

अपने ख़्वाबों से मुहब्बत है तो 'जावेद' उठो
अपने ख़्वाबों को हक़ीक़त में बदलने के लिए

8

ग़ुबार दिल पे बहुत आ गया है धो लें आज
खुली फ़ज़ा में कहीं दूर जा के रो लें आज

दयार-ए-ग़ैर[2] में अब दूर तक है तन्हाई
ये अजनबी दर-ओ-दीवार कुछ तो बोलें आज

तमाम उम्र की बेदारियाँ[3] भी सह लेंगे
मिली है छाँव तो बस एक नींद सो लें आज

तरब[4] का रंग मुहब्बत की लौ नहीं देता
तरब के रंग में कुछ दर्द भी समो लें आज

किसे ख़बर है कि कल ज़िंदगी कहाँ ले जाए
निगाह-ए-यार[5] तेरे साथ ही न हो लें आज

9

रौशनी है किधर कहाँ देखो बुझ गई शम्अ अब धुआँ देखो
ठैर जाओ कि दूर जाना है ठैर कर राह का समाँ देखो

---

1. साँस (बहु.) 2. परदेस 3. जाग (बहु.) 4. ख़ुशी 5. प्रेमिका की दृष्टि

मुतमइन[1] है कि कुछ नहीं पाया इश्क़ की सई-ए-रायगाँ[2] देखो
अपनी दरमांदगी[3] से क़तए-नज़र[4] क़ाफ़िले हैं रवाँ-दवाँ[5] देखो

सितम-ए-बर्क़-ए-बे-अमाँ[6] पे नजाओ रविश-ओ-रंग-ए-गुलिस्ताँ[7] देखो
हुस्न-ए-आवाज़ से न धोका खाओ रूह[8] नग़मे की है फ़ुग़ाँ[9] देखो

किसकी फ़रियाद लय में ढलती है साज़[10] है किसका सोज़-ए-जाँ[11] देखो
किसके दिल का लहू है सर्फ़-ए-बयाँ[12] किसका ख़ामा[13] है ख़ूंचकाँ[14] देखो

हुस्न को भी शिकस्त होती है मेरे नग़मे हैं रायगाँ[15] देखो
कितने आशुफ़्ता-कार[16] हो जावेद सूद[17] देखो न कुछ ज़ियाँ[18] देखो

10

ग़म-ए-मंज़िल न रहा हो जैसे
क़ाफ़िला ठैर गया हो जैसे

इस तरह भूलते जाते हैं तुझे
सिलसिला टूट चला हो जैसे

दिल से आवाज़ तो आती है मगर
कोई दरमांदा[19] सदा[20] हो जैसे

अब तो मंज़िल ही नहीं है कोई
घर कहीं छूट गया हो जैसे

बहका-बहका सा है अंदाज़-ए-ख़याल
याद कुछ भी न रहा हो जैसे

---

1. संतुष्ट 2. निष्फल प्रयास 3. हीनता, नि:सहायता 4. विचार किये बिना 5. तेज़ी से जाते हुए 6. असुरक्षित बिजली के अत्याचार 7. बाग़ के रंग और ढंग 8. आत्मा 9. आर्तनाद 10. बाजा 11. प्राण को जलाने वाला 12. कविता की व्याख्या 13. लेखनी 14. रक्त टपकता हुआ 15. निष्फल 16. समय जिसके प्रतिकूल हो 17. लाभ 18. हानि 19. नि:सहाय 20. आवाज़

दिल के सँभले हुए अंदाज़ में भी
बहकी-बहकी सी अदा हो जैसे

दुख तो पहले भी बहुत थे लेकिन
आज कुछ दर्द नया हो जैसे

सुबह होते ही सँभल जाते हैं
रात को दिल न दुखा हो जैसे

11

हमज़बाँ[1] दोस्तो नग़्मा-ख़्वाँ[2] दोस्तो
ऐ मेरी ज़िंदगी के निशाँ दोस्तो

मेरी आवाज़ पर मुझको आवाज़ दो
मुझसे गुज़रो न दामन-कशाँ[3] दोस्तो

कोई मंज़िल नहीं, कोई महफ़िल नहीं
यूँ परीशाँ हूँ जैसे धुआँ दोस्तो

नकहत-ओ-रंग[4] का शेर-ओ-आहंग[5] का
मुंतशिर[6] हो गया कारवाँ दोस्तो

हुस्न तो तुमने देखा है, अब देख लो
दिल की महरूमियों[7] का समाँ दोस्तो

वक़्त के बोझ में कोई लम्हा[8] नहीं
जिससे मिल जाए दिल को अमाँ[9] दोस्तो

---

1. सहभाषी 2. गाने वालों 3. दामन बचाते हुए, जिसका संबंध न हो 4. सुगंध और रंग 5. शेर और संगीत 6. बिखरना 7. निराशा (बहु.) 8. क्षण 9. सुरक्षा, शांति

कोई बादल अब ऐसा बरसता नहीं
जिससे सेराब[1] हो किश्त-ए-जाँ[2] दोस्तो

सोज़-ए-दिल[3] क्या हुआ सोज़-ए-जाँ[4] क्या हुआ
महरम-ए-सोज़-दिल[5], सोज़-ए-जाँ दोस्तो

12

रात को तो ढलना है, रात और ढलने दो
सुबह के उजालों तक दिल के दाग़ जलने दो

दौर-ए-जाम चलने तक ज़िंदगी बरसती है
ज़िंदगी के मतवालो दौर-ए-जाम चलने दो

दिल से साया-ए-गुल[6] की छीन लो तमन्ना भी
हम जो दश्त-ए-ग़ुरबत[7] में जल रहे हैं जलने दो

आ तो जाए गुलशन में मौसम-ए-जुनूँ-अंगेज़[8]
जिससे हों गिरेबाँ चाक वो हवा तो चलने दो

छोड़कर न जाओ तुम, यूँ बिखर न जाओ तुम
ऐ सुरूर के लम्हों कुछ तो जी बहलने दो

मुज़महिल[9] सितारों की रौशनी से क्या होगा
बादलों को हटने दो, चाँद को निकलने दो

दर्द अगर सँभल जाए नग़मगी[10] में ढल जाए
ख़ुशनवाओ[11] फ़नकारो[12] दर्द को सँभलने दो

---

1. सिंचाई 2. प्राण की खेती 3. मन की जलन 4. प्राण की जलन 5. मन की जलन का भेद जानने वाला 6. फूल की छाया 7. परदेस का जंगल 8. पागलपन बढ़ाने वाला मौसम 9. उदास 10. संगीत 11. मधुर आवाज़ वालो 12. कलाकारो

13

भोर सुहानी मधुर हवा है मन है मगन जग जाग रहा है
नई है धरती गगन नया है मैंने फिर से जनम लिया है

आज मेरे जीवन आँगन में छिटके हैं तारे चाँद उतरा है
सरस्वती की छाँव है मुझ पर भाग्य में मेरे सुन्दरता है

जगमग जगमग दीप जले हैं पग-पग जीवन उजियारा है
समय की ये रचना है सारी समय है कृपा, समय दया है

14

ये कहाँ से मौज-ए-तरब[1] उठी कि मलाल[2] दिल से निकल गए
वही सुब्ह-ओ-शाम जो थे गिराँ नफ़स-ए-बहार में ढल गए

ये दयार-ए-शौक़[3] है हमनशीं यहाँ लग्ज़िशों[4] में भी हुस्न है
जो मिटे वो और उभर गए जो गिरे वो और सँभल गए

हमें ज़िंदगी की तलाश थी हमें सरख़ुशी[5] की तलाश थी
हुए ज़िंदगी से जो आशना[6] तो जराहतों[7] से बहल गए

तेरे सोगवारों की ज़िंदगी कभी मुतमइन[8] न गुज़र सकी
जो बुझी कभी कोई तश्नगी कई और दर्द मचल गए

मेरी आरज़ुओं के ख़्वाब थे कि फ़ज़ा-ए-हुस्न-ओ-शबाब[9] थे
कहीं नकहतों[10] में बिखर गए कहीं रंग-ओ-नूर में ढल गए

उन्हें राहतों[11] का ख़याल है, न सऊबतों[12] का मलाल है
जो तेरी तलाश में चल पड़े, जो तेरी तलब में निकल गए

---

1. ख़ुशी की लहर 2. दुख 3. अभिलाषा का स्थान 4. डगमगाना, भूल 5. हलका नशा 6. परिचित 7. घाव (बहु.) 8. संतुष्ट 9. सुन्दरता और जवानी का वातावरण 10. सुगंध (बहु.) 11. आराम (बहु.) 12 पीड़ा (बहु.)

है भरी बहार तो क्या करूँ न मिले क़रार तो क्या करूँ
मेरे सामने हैं वो आशियाँ जो भरी बहार में जल गए

15

यूँ भी होता है कि हर ज़ख़्म छुपा लो यारो
घर है तारीक[1] दर-ओ-बाम[2] सजा लो यारो

छाँव फूलों की नहीं है तो परीशाँ क्यों हो
रंज-ए-ग़ुरबत[3] तो मयस्सर है, उठा लो यारो

दश्त-दर-दश्त[4] यूँ ही शोला-ब-जाँ[5] फिरते रहो
हम-सफ़र अपना बबूलों को बना लो यारो

अपनी तन्हाई[6] से घबरा के कहाँ जाओगे
अपनी तन्हाई को सीने से लगा लो यारो

कोई सुख-चैन का नग़्मा कोई दुख-दर्द का गीत
रात कट जाएगी कुछ सुन लो, सुना लो यारो

दामन-ए-वक़्त[7] में कुछ जागते लम्हे भी तो हैं
हाथ आ जाएँ तो तक़दीर जगा लो यारो

बाग़-ए-आलम[8] पे तुम्हारा भी तो हक़ है आख़िर
तुम भी इक शाख़-ए-समरदार[9] झुका लो यारो

साथ हम सब हैं मगर वक़्त ही कुछ ऐसा है
अपना जो बोझ है वो ख़ुद ही सँभालो यारो

अव्वल-ए-शब[10] है अभी जाम न छलकाओ बहुत
आख़िर-ए-शब[11] के लिए कुछ तो बचा लो यारो

---

1. अँधेरा 2. दरवाज़े और खिड़कियाँ 3. परदेस का दुख 4. जंगल-जंगल 5. प्राणों को जलाए 6. अकेलापन 7. समय की गोद 8. संसार का बाग़ 9. फलों से लदी डाली 10. रात का पहला पहर 11. रात का आख़िरी पहर

16

तेरे जमाल[1] तेरी रिफ़्अतों[2] के शायाँ[3] हूँ
तू माहताब[4] सही मैं भी दाग़-सामाँ[5] हूँ

अजीब हाल है मेरा कि अह्ल-ए-दिल की तरह
बुझा हुआ हूँ कभी और कभी फ़रोज़ाँ[6] हूँ

जो लोग मिल नहीं सकते तलाश है उनकी
जो फूल खिल नहीं सकते उन्ही का ख़्वाहाँ[7] हूँ

हवा-ए-शौक़ ने क्या-क्या मुझे उभारा था
अब अपने जुर्म-ए-वफ़ा[8] पर बहुत पशेमाँ[9] हूँ

बसा लो दिल में मुझे रायगाँ न जाने दो
मैं बू-ए-गुल[10] की तरह देर से परीशाँ हूँ

ये कह रहा है तेरी क़ुर्बतों[11] का नूर-ओ-सुरूर
जो फिर न आएगा वो लम्हा-ए-गुरेज़ाँ[12] हूँ

रवाँ है जिससे बहारों का कारवाँ 'जावेद'
मैं नकहतों का वही नश्शा-ए-फ़रावाँ[13] हूँ

17

गुमरही भी तो एक मंज़िल है
रास्ते यूँ भी हो रहे हैं तै

नग़मा-ओ-मय से खेलने वाले
क्यों समझते मआल-ए-नग़मा-ओ-मय[14]

---

1. सुन्दरता 2. उच्चता (बहु.) 3. योग्य 4. चाँद 5. जिस पर दाग़ (धब्बा) लगा हो 6. प्रकाशमान 7. इच्छुक 8. प्रेम का अपराध 9. लज्जित 10. फूल की सुगंध 11. सामीप्य (बहु.) 12. भागता हुआ क्षण 13. तेज़ नशा 14. संगीत और शराब का परिणाम

इस क़दर भी न इंतज़ार दिखाओ
टूट जाए न इंतज़ार की लय

जाम-ए-सहबा[1] किसे नसीब हुआ
हम हैं और तश्नगी[2] का आलम है

दिल ने क्या-क्या सितम सहे 'जावेद'
दिल है कितनी लतीफ़-ओ-नाज़ुक शय[3]

18

तेरा पैग़ाम-ए-सरख़ुशी तस्लीम[4]
शिद्दत-ए-ग़म[5] से दिल अगर भर आए

जायज़ा[6] ले न यूँ मुहब्बत का
देख इख़्लास[7] पर न हर्फ़ आए[8]

मुझको रंगीन आबगीनों में
तल्ख़-तर[9] घूँट ज़िंदगी ने पिलाए

अधखिली ही रहे तो अच्छा है
क्यों बने फूल, क्यों कली मुरझाए

शाम-ए-ग़म[10] इज़्तिराब[11] कम न हुआ
धीमे-धीमे सुरों में गीत भी गाए

19

जब भी शम्ए-तरब[12] जलाई है आँच महरूमियों[13] की आई है
रास्ते इतने बेकराँ[14] तो न थे जुस्तुजू[15] कितनी दूर लाई है

---

1. शराब का पियाला 2. प्यास 3. कोमल वस्तु 4. स्वीकार करना 5. दुख की अधिकता 6. परीक्षा 7. निश्छलता 8. दोष लगना 9. बहुत कड़वे 10. दुख की शाम 11. व्याकुलता 12. आनंद का दीप 13. असफलताओं 14. असीम 15. तलाश

ज़हमत-ए-जुस्तुजू[1] से क्या होगा बू-ए-गुल[2] किसके हाथ आई है
ज़िंदगी से गुरेज़[3] क्या करते ज़िंदगी मयकदे[4] में लाई है
कितनी रंगीनियों में तेरी याद किस क़दर सादगी से आई है
कह के जान-ए-ग़ज़ल तुझे हमने अपनी कम-मायगी[5] छुपाई है
जब भी जावेद छेड़ दी है ग़ज़ल बात वारफ़्तगी[6] तक आई है

20

न इज़्तिराब[7] की रातें, न इज़्तिराब के दिन
गुज़र गए हैं मुहब्बत की आब-ओ-ताब के दिन

गुरेज़ था कि जिसे जान-ए-इल्तिफ़ात[8] कहें
तुम्हें भी याद तो होंगे वो इज़्तिनाब[9] के दिन

नहीं कुछ और दिल-ओ-जाँ[10] की तश्नगी[11] के सिवा
भरी बहार का मौसम शराब-ए-नाब के दिन

हक़ीक़तों का उजाला ही ज़िंदगी ठहरा
बिखर के रह गए क्या-क्या ख़याल-ओ-ख़्वाब के दिन

हज़ार रंग सही ज़िंदगी के दामन में
मगर शबाब की रातें मगर शबाब के दिन

अशआर

इतनी फ़ुर्सत किसे है कि देखे तुम्हें
चाक कर लो गिरेबाँ कि सीते रहो

---

1. तलाश का कष्ट 2. फूल की सुगंध 3. उपेक्षा 4. मदिरालय 5. नीचता 6. आत्म-विस्मृति
7. व्याकुलता 8. दयालु 9. उपेक्षा 10. प्राण और मन 11. तृष्णा

रुक सके तो मुमकिन है नग़्मगी[1] में ढल जाए
उठ रही है सीनों से शोरिश-ए-फ़ुग़ाँ[2] यारो

बहुत दबाए रहे जिसको दिन के हंगामे
सुकूत-ए-नीम-शबी में वो दर्द उभर आया

इस तरह आती है अब गुज़रे हुए लम्हों की याद
जैसे ये लम्हे कभी हमने गुजारे ही नहीं

1. सुर 2. आर्तनाद का उन्माद

फ़ातिमा हसन

नाम : सय्यदा अनीस फ़ातिमा। वालिद : सय्यद तहज़ीब-उल-हसन। माँ-बाप की आठ में से पहलौटी की औलाद फ़ातिमा हसन 25 जनवरी, 1953 को कराची की बस्ती मलीर में पैदा हुई। दधियाल यू.पी. के ज़िला ग़ाज़ीपुर में थी, ननिहाल कलकत्ता में। पाकिस्तान बनने के बाद सय्यद तहज़ीब-उल-हसन कराची छोड़ मुहम्मदपुर, ढाका जा बसे। फ़ातिमा ने वहीं पहले गवर्नमेंट स्कूल से 1969 में मैट्रिक पास किया फिर 1971 में गवर्नमेंट कॉलेज से इंटरमीडिएट (आर्ट्स)। जब बंगलादेश (तब पूर्वी पाकिस्तान) में राजनीतिक उथल-पुथल बढ़ी तो बाप ने बेटी को कराची भेजा। मगर सैशन शुरू हो चुके थे, कराची में दाख़िला नहीं मिला। वापिस ढाका यूनिवर्सिटी में लौट आईं। बंगलादेश बनने पर फ़ातिमा का ख़ानदान धानमंडी उठ आया। अगले तीन बरस तक पाकिस्तान के भूतपूर्व फ़ैडरल-मिनिस्टर-आफ़-जस्टिस इबराहीम की बेटी और फ़ातिमा की सगी मामी के घर पड़ा रहा। इन तीन बरसों में फ़ातिमा ने बेतहाशा पढ़ा। 1973 के एक ही साल में बी.ए.के दोनों साल के पर्चे करके ग्रेजुएट हुईं, जर्नलिज्म में एम.ए. किया। सन् 1980 से 1983 तक डिपार्टमेंट आफ़ इन्फार्मेशन, सिंध में सरकारी पत्रिका 'इजहार' की संपादक रहीं और सन् 1983 से इदारा-ए-समाजी-तहफ्फ़ुज़, सिंध में डिप्टी-डायरेक्टर, पब्लिक रिलेशन्स।

शायर मुनीर नियाज़ी ने लिखा था, मेरी एक पंजाबी ग़ज़ल है, जिसके पहले दो-तीन शेरों का तर्जुमा यूँ होगा :

बादल उड़े, तो गुम आसमान दिखाई दिया
पानी उतरे, तो अपना मकान दिखाई दिया
उससे आगे फ़िराक़ की मंज़िलें थीं
जहाँ पहुँच कर उसका निशान दिखाई दिया
उसके सामने ये जग वीराना लगा
उसकी आँखों में ऐसा जहान दिखाई दिया

इन अशआर को लिखने के बाद मुझे अचानक फ़ातिमा हसन की आँखें याद आईं। फ़ातिमा की आँखों में कभी-कभी क़रीब आती और कभी-कभी दूर चली जाती नर्म-रौ मुहब्बतों, समंदर के किनारे फैलती लहरों, नर्म, मुलायम कोंपलों की दुनिया है। वो शायरी के सफ़र में मुझे अपनी रफ़ीक़-ए-सफ़र लगती है।

कवयित्री शाहिदा हसन लिखती हैं : बहते हुए फूलों के दरमियान अपनी यादों की नहर खोदते-खोदते वो कितनी बार उदास हुई होगी, मैं नहीं जानती। मैं तो बस इतना जानती हूँ कि फ़ातिमा शायरी और ख़ामोशी के एक ऐसे मुक़ाम पर खड़ी है जहाँ हर दरीचा इंतज़ार के जंगल में खुलता है। ये इंतज़ार न तो गुज़रे हुए दिनों के लौट आने का है और न कल तक इन शह्रों में किसी ताज़ा फूल के खिलने का। ये इंतज़ार एक ख़्वाब को दुबारा न देख पाने के अकेलेपन का है :

रात ये मैंने ख़्वाब में देखा तुम तन्हा हो
सारा दिन मैं भीड़ में थी और रही अकेली

संग्रह 'बहते हुए फूल' (1977)।

दुआ

ख़्वाब आँखों को डसने लगे
ज़ह्र बनती गईं ख़्वाहिशें
मैंने गुज़री हुई साअतों को पुकारा
तो आवाज़ अंदर ही घुटती रही
ऐ ख़ुदा—
अब तू ही बचा
मैं फूलों की ख़्वाहिश में
जंगल तलक आ गई

ज़ख़्मी उँगलियों से एक नज़्म

वो लड़की किसी और बस्ती की रहने वाली थी
जो पत्थर पे फूल उगाने की ख़्वाहिश में
उँगलियाँ ज़ख़्मी कर बैठी
सुना है उसकी बस्ती में
फल और मुहब्बत जीवन का लाज़िमी हिस्सा थे
वहाँ लफ़्ज़ों में फूल खिलते थे
और आँखों से मुहब्बत की किरणें फूटती थीं
जो कोई उस बस्ती में आता
चंद अच्छे लफ़्ज़ों के बदले
ढेरों मुहब्बत ले जाता
एक रोज़ उस बस्ती में इक जादूगर आया
और उसने ऐसा मंतर फूँका
कि सारी बस्ती पत्थर हो गई

लड़की जो कहीं बाहर गई हुई थी
वापस लौटी तो उसकी दुनिया बदल चुकी थी
उस दिन से वो लड़की जहाँ कहीं भी पत्थर देखती है
उन्हें फूल बनाने की कोशिश में
ज़ख़्मी हो जाती है

अकेली

रात ये मैंने
ख़्वाब में देखा
तुम तन्हा हो
सारा दिन मैं भीड़ में थी
और रही अकेली

वो चाहता है

एक ख़त ऐसा लिखूँ
जिसको पढ़ते हुए
ज़िंदगी बीत जाए
सोचती हूँ कि मैं
अपनी आँखें उसे
किस तरह भेज दूँ

पानी मेरा साथी

कल जब पानी बरसा
सोंधी मिट्टी महकी
उजली ख़ुशबू जागी
याद पुरानी दहकी

शाख़ों से दूर

गहरी होती शाम
लॉन की ख़ाली कुर्सियाँ
और अधूरी लड़कियाँ

पुराने घर में

शाम, याद और बदलियाँ
लहरें, झाग और कश्तियाँ
गुमसुम चार सहेलियाँ
उलझी हुई पहेलियाँ

रौशनी

जाने कल क्या मन में आई
मैंने उससे पूछा
बताओ—रौशनी क्या है
        मेरी आँखें मूँद के बोला
        अब तो सब कुछ समझ गई हो

एक लड़की

लफ़्ज़ों का ख़ौफ़ ओढ़े हुए
सो गई है
सोचती हूँ
पहले इसको जगाऊँ
या चादर हटा दूँ

इंतज़ार

जब मैंने हर चेहरे पर
उसका धोका खाया था
तब वह क्यों न आया था।

1

तूफ़ाँ में रास्तों के निशाँ सारे बह गए
और तुम भी जो गए तो कहीं दूर रह गए

कल रात इतना शोर सुना है हवाओं का
कच्चे मकाँ में देखे थे जो ख़्वाब ढह गए

वो फूल जो पहाड़ों के मंज़र बने रहे
आँखों में मेरी उनके कई रंग रह गए

चाहत के, हिजरतों के, नए फ़ासलों के दुख
कुछ रूह में उतर गए, कुछ जिस्म सह गए

मैं ख़ुद को तोड़ दूँ या कहीं मुंतशिर[1] करूँ
तुम भी तो उन मचलती-सी लहरों मे बह गए

2

जब रात जा के दूर उजालों में खो गई
हर सोच थक के ज़ह्न के अंदर ही सो गई

अंदाज़ अजनबी था न लहजा उदास था
कुछ बात ऐसी थी कि बस आँखें भिगो गई

सब सूरतें बुझे हुए साये में ढल गईं
अब अपने घर चलो कि बहुत शाम हो गई

वो था क़रीब फिर भी ज़रा दूरियों के साथ
इक लहर आ के फ़ासले इतने भी धो गई

3

सब्ज़ रातों मे सियह रात उतर आई है
एक तसवीर अँधेरे से उभर आई है

1. तितर-बितर

चाँद जब भी मेरे आँगन में उगा ऐसा लगा
उसकी आँखों की कशिश और निखर आई है

जाने क्या कह गया दरिया में उतरता सूरज
दूर तक हँसती हुई लह्र नज़र आई है

एक मानूस[1] सी ख़ुशबू है मगर वो तो नहीं
उससे मिलकर ये हवा मेरे नगर आई है

4

मैं टूटकर उसे चाहूँ यह इख़्तियार[2] भी हो
समेट लेगा मुझे इसका एतिबार[3] भी हो

नई रुतों में वो कुछ और भी क़रीब आए
गई रुतों का सुलगता-सा इंतज़ार भी हो

मैं उसके साथ को हर लम्हा[4] मोतबर[5] जानूँ
वो हमसफ़र है तो मुझ सा ही बे-दयार[6] भी हो

मेरे ख़ुलूस[7] का अंदाज़ ये भी सच्चा है
रखूँ न रब्त[8] मगर दोस्ती शुमार भी हो

सफ़र पे निकलूँ तो रस्म-ए-सफ़र बदल जाए
किनारा बढ़ के कभी ख़ुद ही हमकिनार[9] भी हो

5

छुपा हुआ मेरा हर इज़्तिराब[10] रहने दो
कि पढ़ चुके हो बहुत अगले बाब[11] रहने दो

सफ़र का साथ है ये मंज़िलों का साथ नहीं
गुज़र ही जाएँगे लम्हे हिसाब रहने दो

---

1. जानी-पहचानी 2. अधिकार 3. भरोसा 4. क्षण 5. विश्वस्त 6. बेघर 7. निश्छलता 8. संबंध 9. आलिंगित 10. व्याकुलता 11. अध्याय

ये ख़ामुशी भी तुम्हारी अना[1] का पर्दा है
सवाल करते रहो और जवाब रहने दो

शिकस्ता कर के इन्हें फ़ासले बढ़ा दोगे
सजे हुए मेरी आँखों में ख़्वाब रहने दो

हर एक बात का अल्फ़ाज़ क्यों हवाला बने
सो इस किताब को बे-इंतिसाब[2] रहने दो

6

वो सिमट रहा है हदूद[3] में मेरी चाहतों में हैं वुसअतें[4]

कभी इतनी गहरी हो ख़ामुशी सुनूँ फूल खिलने की आहटें

कोई दर्द तो नहीं मुश्तरक[5] कि हों मोतबर[6] ये रफ़ाक़तें[7]

है मेरे सफ़र का जवाज़[8] क्या मेरे साथ क्यों रहीं हिजरतें[9]

मेरे शह्र वालों से हैं जुदा मेरे ख़्वाब और मेरी वहशतें

7

क़ुर्बतों[10] में फासले कुछ और हैं
ख़्वाहिशों के ज़ाविए[11] कुछ और हैं

सुन रहे हैं कान जो कहते हैं सब
लोग लेकिन सोचते कुछ और हैं

रहबरी[12] अब शर्त-ए-मंज़िल कब रही
आओ ढूँडे रास्ते कुछ और हैं

---

1. अहम् 2. बिना समर्पित किये 3. सीमा (बहु.) 4. विस्तार, सामर्थ्य (बहु.) 5. साझे का 6. विश्वस्त 7. सहचरता, संगत (बहु.) 8. औचित्य 9. प्रवास (बहु.) 10. सामीप्य (बहु.) 11. कोण, कोना (बहु.) 12. आगे-आगे चलना

ये तो इक बस्ती थके लोगों की है
राह में जो लुट गए कुछ और हैं

मिल रहे हैं गरचे पहले की तरह
वो मगर अब चाहते कुछ और हैं

8

ख़ुद तुम से मिलने आई भी और आ के बहुत पछताई भी

अब झेलूँगी ख़ामोशी से ये दूरी भी तन्हाई भी

उस रात मैं जागी देर तलक उस रात चली पुरवाई भी

कुछ लोग थे जिनसे रोज़ मिली कुछ लोगों से उकताई भी

इक खेल था सो मैं हार गई उस हार में थी रुसवाई भी

9

जिन ख़्वाहिशों को देखती रहती थी ख़्वाब में
अब लिख रही हैं उनको हक़ीक़त[1] के बाब[2] में

इक झील के किनारे परिंदों के दरमियाँ
सूरज को होते देखा था तहलील[3] आब में

ख़्वाबों पे इख़्तियार न यादों पे ज़ोर है
कब ज़िंदगी गुज़ारी है अपने हिसाब में

इक हाथ उसका जाल पे पतवार एक में
और डूबता वुजूद[4] मेरा सैल-ए-आब[5] में

1. यथार्थ, सत्य 2. अध्याय, संबंध 3. विलयन, पिघलना 4. अस्तित्व 5. पानी का बहाव

पुरवाई चल के और भी वहशत बढ़ा गई
हलकी सी आ गई थी कमी इज़्तिराब[1] में

आज़ाद हैं तो बाग़ का मौसम ही और है
ख़ुश्बू है तेज़ रंग भी गहरा गुलाब में

अपनी ज़मीं की आब-ओ-हवा रास है मुझे
मेरे लिए कशिश नहीं कोई सराब[2] में

देखो जुनूँ में इनके खिलौने न तोड़ना
तुमको रक़म[3] करेंगे ये बच्चे किताब में

10

सुकून-ए-दिल के लिए इश्क़ तो बहाना था
वगरना थक के कहीं तो ठहर ही जाना था

जो इज़्तिराब[4] का मौसम गुज़ार आए हैं
वो जानते हैं कि वहशत[5] का क्या ज़माना था

वो जिनको शिकवा था औरों से ज़ुल्म सहने का
ख़ुद उनका अपना भी अंदाज़ जारिहाना[6] था

बहुत दिनों से मुझे इंतिज़ार-ए-शब भी नहीं
वो रुत गुज़र गई हर ख़्वाब जब सुहाना था

कब उसकी फ़त्ह[7] की ख़्वाहिश को जीत सकती थी
मैं वो फ़रीक़[8] हूँ जिसको कि हार जाना था

---

1. व्याकुलता 2. मृगतृष्णा 3. लिखना 4. व्याकुलता 5. आदमियों से भड़कना, भय, पागलपन
6. आक्रामक, हिंसापूर्ण 7. विजय 8. पक्ष

11

चाँदनी रात में कुछ फीके सितारों की तरह
याद मेरी है वहाँ, गुज़री बहारों की तरह

जज़्ब होती रही हर बूँद मेरी आँखों में
बात करता रहा वो हलकी फुवारों की तरह

ये बियाबाँ सही तन्हा तो यहाँ कुछ भी नहीं
दूर तक फैले हैं साये भी चिनारों की तरह

बात बस इतनी है इक मोड़ पे रस्ता बदला
दो क़दम साथ चला वो भी हज़ारों की तरह

कोई ताबीर नहीं कोई कहानी भी नहीं
मैंने तो ख़्वाब भी देखे हैं नज़ारों की तरह

बादबाँ खोले जो मैंने तो हवाएँ पलटीं
दूर होता गया इक शख़्स कनारों की तरह

'फ़ातिमा' तेरी ख़ामोशी को भी समझा है कभी
वो जो कहता रहा हर बात इशारों की तरह

यूसुफ़ ज़फ़र

नाम : मुहम्मद यूसुफ़। इनका जन्म 1 दिसंबर, 1914 को हुआ। ज़फ़र का जीवन परिचय एहसान दानिश का उल्लेख किये बिना पूरा तो क्या शुरू भी नहीं किया जा सकता। बात उन दिनों की है जब पूरा हिंदुस्तान (जिसमें आज का पाकिस्तान भी शामिल था) एहसान के दिलकश तरन्नुम से गूँज रहा था। उन्होंने चौकीदारी, बाग़बानी और ईंटें ढोना छोड़कर अनारकली (लाहौर) में एक किताबों की दुकान कर ली थी। मगर एहसान की अस्ल रोज़ी मुशायरा थीं और वो मुशायरे पढ़ने लाहौर से निकलते तो दो-दो तीन-तीन महीने सफ़र पर रहते। दुकान तो सिर्फ़ मुशायरों के दावतनामे वसूल करने या उनके शार्गिदों और भक्तों के मिलने की जगह थी। ग्राहक तो कभी कोई भूले-भटके ही आता होगा।

एहसान दानिश की दुकान पर रोज़ जमने वाले लोगों में एक शख़्स ऐसा था जो एहसान साहिब की अनुपस्थिति में उनका उत्तराधिकारी मालूम पड़ता। वो हर शाम वहाँ मौजूद होता। आने वाले न सिर्फ़ एहसान साहिब बल्कि उससे भी दुआसलाम करते। एहसान साहब के शागिर्दों की तादाद बहुत ज़्यादा थी। लोग डाक के ज़रिये या ख़ुद ग़ज़लें ले कर इस्लाह के लिए आते थे। एहसान साहब कुछ कविताओं की इस्लाह ख़ुद करते थे और बाक़ी उसके हवाले कर देते। इस शख़्स का नाम था : यूसुफ़ ज़फ़र।

यसुफ़ ज़फ़र का क़द छोटा था, डीलडौल दुबला, चेहरा गोल, होंठ उभरे-उभरे, बराय नाम मूँछें, सर पर छोटे-छोटे खड़े हुए बाल, माथा तंग। छोटी, गोल सी नाक पर बड़े-बड़े शीशों वाली ऐनक। आवाज़ धीमी, नज़रें खुलूस और मुहब्बत में बुझी हुई। मुँह में पान जिसे होंठ बन्द किये लगातार चबाता, सिगरेट पीता रहता। ज़ाहिर से ग़ाफ़िल, बातिन से होशियार। हर हाल में ख़ुश, हर रंग में मस्त।

ये शख़्स हर वक़्त एहसान दानिश के यहाँ ही क्यों पड़ा रहता था? इसकी भी एक कहानी है। यसुफ़ ज़फ़र कमसिनी में यतीम हो गया था। घर में जो कुछ

था वह बाप की बीमारी में लग गया। उसने पिंडी के राजा-बाज़ार में ग़ुब्बारे बेच-बेचकर अपना, अपनी माँ और छोटी बहन का पेट पालते हुए पढ़ा। मैट्रिक कर लिया तो नौकरी न मिली। शह्र-शह्र फिरता दिल्ली पहुँचा। वहाँ दिन में रेलवे स्टेशन पर होटल-बॉय का काम करता, रात के वक़्त गली-कूचों में इश्तहार चिपकाता। किसी तरह जोश मलीहाबादी के रिसाला 'कलीम' में चपरासी लगा। जोश साहब नहीं जानते थे कि उनका चपरासी पढ़-लिख भी लेता है। न ही ज़फ़र ने बताया। तनख़्वाह इतनी कम थी कि दिन-भर खपने के बाद ख़ाना खाकर सर छुपाने को कमरा तक किराये पर लेने के पैसे न बचते। ज़फ़र रात को किसी मस्जिद में जाकर सो रहता। लेकिन कब तक? परीशान होकर दिल्ली से लाहौर आ गया। यहाँ एहसान साहब से मुलाकात हुई। बरसों बाद, यूसुफ़ ज़फ़र को किसी घर में एक बिस्तर पर सोने का मौक़ा मिला। सनातन धर्म कॉलेज, लाहौर से बी.ए. किया, नहर विभाग में क्लर्क हो गया।

ज़फ़र को शायरी का शौक़ तो बचपन ही से था लेकिन ज़िंदा रहने की कशमकश ने इसे रौंद डाला था। नौकरी मिलने के बाद ज़रा इत्मीनान मिला तो ये पौधा हरा-भरा हुआ। पहली ग़ज़ल 1929 में कही। 1939 से नज़्में कहनी शुरू कीं। लेकिन 1943 में ये महसूस करने के बाद कि हालात-ए-ज़िंदगी को मुख़्तसर तौर पर बयान करने के लिए ग़ज़ल से बेहतर कोई माध्यम नहीं, फिर ग़ज़ल की तरफ़ लौट गया।

ज़फ़र ने इश्क़ किया तो इस शिद्दत से कि वो ख़ुद तो क्या उसके दोस्त घबरा उठे। यों बड़ा मज़बूत आदमी था। मगर इश्क़ में उलझा तो ऐसा जैसे कटी पतंग का धागा उलझता है। न आगे की होश, न पीछे का ख़्याल। रात गए जानने वालों के दरवाज़े खटकाता और सबब पूछने पर सिर्फ़ रोता। बेतहाशा मगर ख़ामोश क़िस्म की छाती को चीर-चीर जाने वाली सिसकियों से भीगे यसुफ़ ज़फ़र को देखकर दोस्त समझ गए कि अगर इसका इश्क़ ना-कामयाब रहा तो बच नहीं सकेगा, मर जाएगा। सो यार लोगों ने दुआएँ भी कीं और जतन भी। आख़िर जिस लड़की से उसने इस क़दर टूट-टूट कर इश्क़ किया था, वही उसके बच्चों की माँ भी बनी। लेकिन फिर भी यूसुफ़ ज़फ़र था तो शायर। जिसे न पा कर बेचैन था उसे पा कर भी बेचैन रहा। "भाई जी पता नहीं क्या बात है, मुझे कभी-कभी यह एहसास क्यों होता है कि ये वो लड़की नहीं जिसके लिए मैं तड़पा था या फिर मैं वो यूसुफ़ ज़फ़र नहीं जो उसके लिए बदहाल हो गया। सोचता हूँ तो इस एहसास का एक ही सबब मालूम होता है कि दरअसल मैं उसके क़ाबिल नहीं हूँ। वो बड़े आराम की ज़िंदगी गुज़ारकर आई है, मैं तो ढब

की रोटी और सलीक़े का बिस्तर भी नहीं जुटा सकता। डरता हूँ कि अगर वो यह सब बर्दाश्त नहीं कर सकी तो क्या होगा।"

इसी तरह यूसुफ़ ज़फ़र को मुशायरे पढ़ने का बड़ा शौक था, लेकिन स्टेज पर जाने से पहले के घंटों में डर से काँपते रहते, गला ख़ुश्क हो जाता, आवाज़ झरझर बैठ जाती। मगर जब भी निमंत्रण मिलता, जाते ज़रूर। एक दफ़ा जालंधर के कम्पनी बाग़ में ऑल इंडिया मुशायरा था। जिगर मुरादाबादी और सागर निज़ामी जैसे सुर-सम्राट मौजद थे। जब यूसुफ़ ज़फ़र को पुकारा गया तो इस क़दर नर्वस थे कि काटो तो लहू नहीं, गले में काँटे ही काँटे और कुर्सी से उठना भारी। बड़ी मुश्किल से हिम्मत बाँधकर स्टेज पर आए। ताज़ा नज़्म 'तक़लीद-ए-इब्राहीम', जो उन्होंने अपने बेटे की बीमारी के दौरान कही थी, पढ़नी शुरू की। इधर नज़्म आगे बढ़ रही थी, उधर सुनने वालों का जोश बढ़ता जा रहा था। दाद के वो डोंगरे बरसे कि नज़्म ख़त्म होते ही दूसरी नज़्म की फ़रमाइश से कान-पड़ी आवाज़ सुनाई न दे रही थी। ज़फ़र लौटना चाहते थे। पर लौटने कौन देता था। पाँच-दस मिनट शोर मचता रहा, यसुफ़ ज़फ़र ख़ामोश खड़े रहे और शोर थमा तो दूसरी नज़्म 'रक़्स' शुरू की।

छन छन छनाछन रक़्स कर
मर्मर की नागिन रक़्स कर

नज़्म ख़त्म हुई तो लोग कुर्सियों से उछल-उछल कर दाद दे रहे थे। लेकिन पसीने से शराबोर यूसुफ़ लड़खड़ाते क़दमों से कुर्सी तक पहुँचे और गिर पड़े। देर तक नीम-बेहोशी की हालत में रहे।

वैसे हर बार इतने नर्वस भी नहीं होते थे। गुजराँवाले के एक मुशायरे में स्टेज पर पहुँचे ही थे कि किसी ने पीछे से पंजाबी में आवाज़ कसी : "ओये, ए गिद्दी दा पुत्तर कित्थों आ गया।" अपने ही शह्र में यसूफ़ ज़फ़र को ऐसी तौहीन क्योंकर बर्दाश्त होती। झट स्टेज से उतरे और सीधे उस शख़्स के पास पहुँचे जिसे उन्होंने आवाज़ कसते देख लिया था। आवाज़ कसने वाला एक पहलवान क़िस्म की चीज़ था और यूसुफ़ ज़फ़र एक सींकची। लेकिन ताव ऐसा आया हुआ था कि उन्होंने पहलवान की मज़बूत कलाई दोनों हाथों से पकड़ ली। पूरी ताक़त से उसे अपनी तरफ़ खींचते जाते और कहते जाते, "भाई जी! स्टेज ते बोल के वखाओ। एत्थे ते मैं वी रौला गा सकना हाँ" (मंच पर बोल कर दिखाओ। यहाँ तो मैं भी शोर मचा सकता हूँ)। पहलवान की सिट्टी-पिट्टी गुम। कहाँ अखाड़ा, कहाँ मुशायरे की स्टेज।

ग़रीब माफी माँग रहा था। मुशायरे के संयोजक ख़ुशामद कर रहे थे मगर ज़फ़र साहब अड़े हुए थे कि "इसे कहो स्टेज पर आकर एक फ़िक़रा बोल के दिखाए। घिग्घी न बैठ जाए तो मुशायरों में आना छोड़ दूँगा।" बड़ी मुश्किल से सुनने वालों में से कई लोगों के बार-बार माफ़ी माँगने, ख़ुशामद करने पर ज़फ़र साहब का पारा उतरा।

यूसुफ़ ज़फ़र, दिसंबर 1949 में रेडियो आज़ाद काश्मीर पर चले गए। वहाँ उनके दो फ़ीचर रोज़ाना ब्राडकास्ट होते थे। कांट्रैक्ट ख़त्म होने पर पिंडी आ गए। पिंडी में उनकी मुलाक़ात एक बुज़ुर्ग से हुई। इस मुलाक़ात से यसुफ़ ज़फ़र की ज़िंदगी में एक और मोड़ आता है। अब वे बुद्धिवाद से अध्यात्म की तरफ़ झुके। दाढ़ी बढ़ा ली, पाँचों वक़्त नमाज़ पढ़ने लगे।

अपने आख़िरी दिनों में नासिर काज़मी के बहुत क़रीब आ गए थे। नासिर काज़मी यूसुफ़ ज़फ़र से मिलने अक्सर पिंडी जाते या यूसुफ़ ज़फ़र लाहौर चले आते।

उनकी ग़ज़लों के संकलन हैं : 'नवा-ए-साज़' और 'इश्क़-ए-पेचाँ'।

07 मार्च, 1972 को दिल का दौरा पड़ने के कारण उनका देहांत हुआ।

रक़्स

चाँदनी शब में मेरी मर्मर[1] की नागिन रक़्स कर
फिर उसी धुन में, उसी गत पर छनाछन रक़्स कर
छन छन छनाछन रक़्स कर
मर्मर की नागिन रक़्स कर
तबला कहे धनधन धमक
छागल कहे छू छा छमक
पतली कलाई लोच खाए
पाँव की एड़ी मोच खाए
आँखों के तारे नाच जाएँ
गत के सहारे नाच जाएँ
हों रक़्स में यूँ उँगलियाँ
जैसे लचकती कहकशाँ
तीखी निगाहें रक़्स में
चाँदी की बाँहें रक़्स में
रुक और रुककर झूम जा
देख इस तरफ़ और घूम जा
गर्दन को मटकाकर दिखा
आँखों को शरमाकर लजा
नाज़ुक कमर पर हात रख
अब मान कहना बात रख
छनछन छनाछन रक़्स कर
मर्मर की नागिन रक़्स कर

1. सफ़ेद पत्थरे

2

बाल बिखराकर ज़रा बाँहें उठाकर रक़्स कर
यूँ नहीं, तिरछी नज़र से मुस्कुराकर रक़्स कर
हाँ हाँ मटककर रक़्स कर
गेसू झटककर रक़्स कर
सीने को बल दे, नाच जा
पास आ के चल दे, नाच जा
आँचल उठाकर मुस्कुरा
आँखें झुकाकर मुस्कुरा
आई वो 'तुन तुन' की सदा
पाँव को तेज़ी से उठा
हलक़े बनाती घूम जा
सर को हिलाती घूम जा
आड़े कभी तिरछे कभी
ऐसे कभी वैसे कभी
पहलू बदलकर यूँ निकल
साँचे में ढलकर यूँ निकल
अँगड़ाइयाँ लेती हुई
दर्स-ए-जुनूँ[1] देती हुई
ख़ामोशियों पर वार कर
ताब-ए-नज़र[2] बेदार[3] कर
छन छन छनाछन रक़्स कर
मर्मर की नागिन रक़्स कर

3

फिर उसी सहर-आफ़रीं[4] तर्ज़-ए-अदा से रक़्स कर
मैं हूँ दीवाना, मगर तेरी बला से रक़्स कर
हाँ रक़्स कर दीवाना-वार
सीमाब-गूँ,[5] परवाना-वार[6]

---

1. उन्माद का पाठ 2. नज़र की चमक 3. जमा 4. जादुई 5. पारे की तरह 6. परवाने की तरह

बेताब होकर घूम जा
अँगड़ाई लेकर झूम जा
गर्दिश में आ ऐ जाम-ए-जम[1]!
रुक-रुक के चल, चल-चल के थम

4

ऐसे उठा अपने क़दम
लहरों का जैसे ज़ेर-ओ-बम
फिर इक तरफ़ को झुक के चल
हो झील में जैसे कँवल
कुछ लब हिलें, उँगली उठे
दिल की तमन्ना जी उठे
ख़ामोश नग़मे गाए जा
जलवों के गुल बरसाए जा
चकरा के इक दम बैठ जा
छमछम छमाछम बैठ जा
छनछन छनाछन रक़्स कर
मर्मर की नागिन रक़्स कर

---

1. जम का जाम, जम का प्याला। फ़ारसी में शीद का मानी है 'सूरज की किरण'। जमशेद एक प्रसिद्ध ईरानी सम्राट हुआ है। जम नाम था, शीद उपाधि। फिर उपाधि नाम के साथ ही जुड़ गई तो नाम प्रचलित हुआ जमशेद। कहते हैं कि जमशेद के पास एक प्याला था जिसमें झाँक कर वह भूत-वर्तमान-भविष्य का सारा अता-पता देख लेता था। आलोचकों का कहना है कि जमशेद के प्याले में भूत-भविष्य तो क्या दिखाई देता होगा। लेकिन चूँकि वह मादक पदार्थ पीता था और नशा करने वाले ख़याली उड़ानें भरते हैं, सो उसे भी ज़्यादा नशा होने पर लगता होगा कि वह (या कोई भी नशई) आगे-पीछे की देख सकता है। उर्दू शायरी में जाम-ए-जम प्रेमी के हृदय का प्रतीक माना गया है। आशिक के दिल में मुहब्बत का गहरा, अक्सर नसतोड़ नशा रहता है और रहती है अतीत की यादों के साथ-साथ भविष्य के भय, आशंका, कल्पनाएँ।

निरवान

टूटे दिल को साज़ बना लो—काम आएगा
अपने ग़म को राज़ बना लो—काम आएगा
आँसू को आवाज़ बना लो—काम आएगा

मैंने यही किया है—देखो!
मेरी आँखों के सीपों के मोती हैं अनमोल
सुब्ह की शबनम इनका तोल
साहिल-साहिल इनके चर्चे, भरे दरीबे[1] इनका भाव
कैस-ए-कैसे कानों में आवेज़े[2] बनकर
झूम उठते हैं, ख़ुनक[3] जवाहर-रेज़े[4] बनकर
यही है शायद इनका मोल
जब भी खाओ, दिल पर घाव
बात न अपने लब पर लाओ
आँखों से आँसू न निकालो
चुप रह कर आवाज़ बना लो—काम आएगा—
दिल जब तक था, इक हंगामा-ए-हर्फ़-ओ-सौत[5] के अंदर था
हर दोशीज़ा[6] इक देवी थी—हर देवी का मंदिर था
तेरा मेरा, मेरी तेरी
दिल तक थी ये हेरा-फेरी
दिल जब टूटा
सद-आईना हर मंज़र है—घर से बाहर
जलवा-जलवा हर गुल-बूटा
घर में बस भगवान बिराजा, जपता जाए हर हर हर हर
दूर कहीं पाताल में डूबा, अज़ल[7]-अबद[8] का जीवन-चक्कर
सुख का सुभाव
मन चाहे तो—आओ, आओ
आँखों से आँसू न निकालो,
टूटे दिल को साज़ बना लो

---

1. दरीबा : सर्राफ़ा बाज़ार 2. कान के बुंदे 3. ठंडे 4. रत्नों के कण 5. अक्षर और आवाज़ का शोर 6. कुमारी 7. अनादि काल 8. अनन्त काल

अपना हम-आवाज़ बना लो—
काम आएगा

हँसी का मोल

जितना बोलूँ झूट तुम उतना ख़ुश होती हो
तुमको हसीं कहना कुछ झूट नहीं—तो ये बताओ
मुझको झेंप के क्यों तकती हो
अपने दिल से पूछो मेरी नज़रों से क्या पूछती हो
और अगर ये सच है तुम उतनी ही हसीं हो
जितना मैंने जताया है
तो फिर ये तो मेरी नज़र का हुस्न ही तुमको भाया है
आईने से पूछो तुम कैसी हो
क्या ये सच है तुम ऐसी हो
जैसा मैंने बताया है—
कितनी भोली हो—देखो क्या मैंने तुमको बनाया है
सच कहता हूँ, झूट कहूँ तो तुम हँस दोगी,
झूट से तो तुम ख़ुश होती हो

अरमान

ये मैंने देखा है चाँदनी से दिलों के अरमान जागते हैं
सागंदर अपनी तमाम चाँदी उछालता है
कि जैसे कुहसार[1] ढालता है
ज़मीन अपनी रगों की सारी नमी हवाओं में घोलती है
और अपने साज़-ए-नुमू पे खेतों में बोलती है
चमन में शाख़ें नई ज़ुबानें निकालती हैं
और अपनी आगोश में शगूफ़ों को पालती हैं
ज़माना लम्हों के जिस्म पर चुस्त करता है चाँद की ज़िरहें[2]
कि जिनसे फूटें वफ़ा की किरनें

1. पर्वत 2. कवच (बहु.)

ये मैंने देखा है चाँदनी से दिलों के अरमान जागते हैं
दिलों के अरमान मैंने देखे हैं सर्द सिक्कों की रौशनी में
लबों पे जिनके खनकने लगती है मुस्कुराहट
रुख़ों पे आती है जिनसे आसूदगी की आहट
दिलों के अरमान मैंने देखे हैं तपते जिस्मों की क़ुर्बतों में
कि जिनसे कुल कायनात एक ख़्वाब-ए-कुल-अदम बन के देखती है
हयात धड़कन की ताल पे नाच छनछन के देखती है
ये खेल तो चाँदनी भी पत्तों से आप छनछन के देखती है
दिलों के अरमान मैंने देखे हैं मसनदों के मुजाविरों[1] में
कि जिनके सीने के सारे अरमान दिल में रहते हैं ख़ार बनकर
कि जिनको ये ज़िंदगी मिली है शिकायत-ए-रोज़गार बनकर
कि जिनकी अंधी लगन को ये चाँदनी भी डसती है मार[2] बनकर
मैं कब से इस चाँदनी में बैठा हूँ जैसे पत्थर का कोई बुत हो
मेरे ख़ुदा! जैसे मेरे पहलू में दिल नहीं है
मेरे लिए जैसे कोई ग़म मुस्तक़िल[3] नहीं है
न मेरे सीने में कोई अरमान ही जागता है
कि जिन से मैं सुन सकूँ कोई लय
कोई तराना तलब के उस साज़-ए-बेकली का
कि जिससे कुहसार डोलते हैं
कि जिससे गुलज़ार डोलते हैं
मैं कब से इस चाँदनी में बैठा हूँ जैसे पत्थर का कोई बुत हो
मेरे बदन, मेरी सर्द आँखों, मेरे लबों, मेरे बाज़ुओं में
छुपे चली जा रही हैं किरनें
कि जैसे मुझको टटोलती हों
कि जैसे ग़ुस्से से बोलती हों
मेरे ख़ुदा! मेरे दिल का अरमान न सर्द सिक्कों की रौशनी है
न गर्म जिस्मों की चाँदनी है
न मैं किसी मसनद-ए-मुअल्ला का ख़ानक़ाही[4]
कि जिससे हासिल हो कजकुलाही[5]
मेरे लिए जैसे तेरी दुनिया में कुछ नहीं है

---

1. किसी दरगाह के सेवादार 2. साँप 3. स्थायी 4. प्रतिष्ठित व्यक्ति का चाटुकार 5. राजापन

बस एक ये चाँदनी है जिसकी अदा-ए-बेगाना भा गई है
जो मेरे दिल पर, मेरी नज़र पर, मेरी तमन्ना पर छा गई है
मेरे ख़ुदा तू हर एक दिल की पुकार सुनता है, मेरी सुन ले
मेरे भी दामन को अपनी इस चाँदनी से भर दे
ये चाँदनी लाज़वाल[1] कर दे

1

जो हरूफ़ लिख गया था मेरी आरज़ू का बचपन
उन्हें धो सके न दिल से मेरी ज़िंदगी के सावन

वो जो दिन बिखर चुके हैं, वो जो ख़्वाब मर चुके हैं
मैं उन्हीं का हूँ मुजाविर,[2] मेरा दिल उन्हीं का मदफ़न[3]

यही एक आरज़ू थी कि मुझे कोई पुकारे
सो पुकारती है अब तक मुझे अपने दिल की धड़कन

तेरी मंज़िल-ए-वफ़ा में, हुआ ख़ुद से आशना मैं
तेरी याद का करम है कि यही है दोस्त-दुश्मन

तेरे रू-ब-रू हूँ लेकिन नहीं रू-शनास तुझसे
तुझे देखने न देगी, तेरे देखने की उलझन

गेरे हाल की ख़बर दे कोई टूटता सितारा
कि ये कोह-ओ-दश्त-ओ-सहरा[4] हैं सुकूत-ए-शब[5] से रौशन

ज़फ़र आज दिल का आलम है अजीब, किससे पूछूँ
वो सबा किधर से आई, जो खिला गई ये गुलशन

---

1. अमर 2. किसी दरगाह का सेवादार 3. दफ़्न होने की जगह 4. पहाड़, जंगल और रेगिस्तान
5. रात का सन्नाटा

2

जिसका बदन है ख़ुशबू जैसा, जिसकी चाल सबा-सी है
उसको ध्यान में लाऊँ कैसे, वो सपनों का बासी है

फूलों के गजरे तोड़ गई आकाश पे श्याम-सलोनी शाम
वो राजा ख़ुद कैसे होंगे, जिनकी ये चंचल दासी है

काली बदरिया! सीप-सीप तो बूँद-बूँद से भर जाएगा
देख ये भूरी मिट्टी तो बस मेरे ख़ून की प्यासी है

जंगल, मेले और शहों में धरा ही क्या है मेरे लिए
जुग जुग जिसने साथ दिया है वो तो मेरी उदासी है

लौट के उसने फिर नहीं देखा, जिसके लिए हम जीते हैं
दिल का बुझना इक अंधेर है, यूँ तो बात ज़रा-सी है

चाँद-नगर से आने वाले मिट्टी-कंकर रोल के लाए
धरती माँ चुप है जैसे कुछ सोच रही हो, ख़फ़ा-सी है

हर रात उसकी बातें सुन कर तुझको नींद आती है 'ज़फ़र'
हर रात उसी की बातें छेड़ें, तो अजब बिपता-सी है

3

बे-तलब एक क़दम घर से न बाहर जाऊँ
वर्ना मैं फाँद के ही रात समंदर जाऊँ

दास्तानें हैं मकानों की जबीनों[1] पे रक़म[2]
पढ़ सकूँ मैं तो मकीनों से बयाँ कर जाऊँ

---

1. माथों 2. लिखी हुई

मैं मुनज्जिम[1] से भला कैसे करूँ समझौता
डूबने वाले सितारों से मैं क्यों डर जाऊँ

रूह क्या आए नज़र जिस्म की दीवारों में
इनको ढाऊँ तो उस आईने के अन्दर जाऊँ

और दो-चार मसाइब[2] की कसर बाक़ी है
ये उठा लूँ तो मैं दुनिया के सफ़र पर जाऊँ

ज़ह्र है मेरे 'रग-ओ-पै'[3] में मुहब्बत शायद
अपने ही डंक से बिच्छू की तरह मर जाऊँ

थक के पत्थर की तरह बैठा हूँ रस्ते में ज़फ़र
जाने कब उठ सकूँ, क्या जानिए कब घर जाऊँ

4

ऐ बेख़बरी! जी का ये क्या हाल है कल से
रोने में मज़ा है, न बहलता है ग़ज़ल से

या शह्र की दीवारों में है क़ैद मेरा ग़म
या दश्त की पिनहाई[4] में हैं यादों के जलसे

बातों से सिवा[5] होती है कुछ वहशत-ए-दिल और
अहबाब[6] परीशाँ हैं मेरे तर्ज-ए-अमल से

तन्हाई की ये शाम उदासी में ढली है
उठता है धुआँ फिर मेरे ख़्वाबों के महल से

रातों की है तकदीर तेरा चाँद सा चेहरा
नज़रों में हैं तसवीर तेरे नैन, कँवल से

1. ज्योतिषी 2. कष्ट 3. शरीर 4. भीतर 5. अधिक 6. मित्रगण

मैं जाँ से गुज़र जाऊँ, मगर दिल में तेरा ग़म
वो फाँस है, निकलेगी न जो दस्त-ए-अजल[1] से

देखो! मेरी तस्कीन[2] ये बेताबी-ए-जाँ[3] है
पाएगा ज़माना भी सुकूँ अपने ख़लल[4] से

छाए हैं मेरे ज़ह्न पे सदियों के धुंदलके
मैं वक़्त नहीं गरचे[5] हूँ गर्दिश में अज़ल[6] से

जो बात ज़फ़र मेरे बयाँ में नहीं मिलती
मुमकिन है वो पा जाए मेरे रंग-ए-ग़ज़ल से

5

पहरों आस न पास है कोई, ऐसी क्या वीरानी हो
कल तक की वो गहमागहमी जैसे बात पुरानी हो

जाने कब तक ये सन्नाटा मेरी जान को खाएगा
कभी तो दर्द के बादल उठें, कभी तो शाम सुहानी हो

पत्थर दिल हूँ तेरे फ़िराक़[7] का ग़म सह कर भी हँसता हूँ
अब वो मेरा दुख अपनाए जिसकी आँख में पानी हो

चाँद की बस्ती इश्क़ ने माँगी थी, लेकिन कब चाहा था
ऐसी हो नायाब[8] मुहब्बत, ग़म की ये अरज़ानी[9] हो

हाय वो भीनी-भीनी ख़ुशबू, घर-घर उसका चर्चा है
वो आए तो कैसे आए जो ख़ुद रात की रानी हो

दीवारों पर उभरे हुए हैं साये तेरी यादों के
यूँ सुनता हूँ आवाज़ों को जैसे कोई कहानी हो

---

1. मौत का हाथ 2. संतोष 3. मन की व्याकूलता 4. विकार 5. यद्यपि 6. अनादिकाल 7. वियोग 8. अप्राप्य 9. सस्ता होना

हिज्र की रात तो कट जाएगी लेकिन काटे कौन 'ज़फ़र'
वो किस आस का दामन थामे जिसकी हस्ती फ़ानी[1] हो

6

दिल से तेरी निगाह ने फिर अनकही, कही
हैरान हूँ कि वो भी मेरे दिल की बात थी

अफ़साना बन गया हूँ तेरी आरज़ू के साथ
उनवाँ[2] हो तेरा नाम तो चमकूँगा और भी

जाते ही तेरे घर का ये आलम कि बाम-ओ-दर
ऐसे बदल गए हैं कि देखे न थे कभी

कुछ-कुछ तेरी निगाह की रानाइयाँ भी हैं
वर्ना मेरे ख़याल में दुनिया है और ही

ये तेरा हुस्न, ये क़द्द-ओ-क़ामत[3], ये ख़द्द-ओ-ख़ाल[4]
मेरे दिल-ओ-नज़र पे है इलज़ाम-ए-आगही[5]

इक बार तेरे कूचे में जाना तो याद है
फिर उम्र भर हयात[6] मुझे ढूँडती रही

हर जलवा[7] जलवाबार[8] था, हर ज़र्रा[9] अक्स-रेज़[10]
अपने ही ग़म में गुम रही इनसाँ की गुमरही

रुसवा हुआ हूँ तेरी मुहब्बत में इस क़दर
तू मिल गया तो देख के पहचान लें सभी

दस्त-ए-ख़िरद[11] में है जो ज़िमाम-ए-वफ़ा[12] 'ज़फ़र'
दो दिन में मिट रहेगी ये इज़्ज़त रही-सही

---

1. नश्वर 2. शीर्षक 3. डील-डौल 4. नैन-नक़्श 5. ज्ञान का आरोप 6. जीवन 7. दर्शन 8. दर्शन बरसाने वाला 9. कण 10. अक़्ल बिखेरने वाला 11. अक्ल का हाथ 12. वफ़ा की इज़्ज़त

7

लफ़्ज़ के ज़ह्र से बचना, वर्ना घुल-घुलकर ही मर जाओगे
ज़िंदा रहेगा लफ़्ज़, जिसे तुम मरकर ज़िंदा कर जाओगे

अंधी लाठी अंधे की जो क़दम-क़दम की राहनुमा है
लफ़्ज़ की बात को क्या समझोगे, समझोगे तो डर जाओगे

सहरा लफ़्ज़ है, लेकिन कोई सहरा उसमें समा नहीं सकता
सहरा में है खिज़्र, मगर तुम लफ़्ज़ के पीछे किधर जाओगे

'तुम' है लफ़्ज़ का पिंजरा जिसमें भांत-भांत का पंछी बोले
इससे जान छुड़ाओगे जब पिंजरा ख़ाली कर जाओगे

सिमसिम की कुंजी से अगरचे पत्थर के पट खुल जाते हैं
भूल गए तो जीते-जी उस दर से कहाँ बाहर जाओगे

दिल की जोत जगाओगे तो तूर[1] भी ऐमन[2] हो जाएगा
लफ़्ज़ धुआँ देगा तुम जिसमें कच्चे कोयले भर जाओगे

---

1. शाम (सीरिया) का एक पहाड़, जिस पर हज़रत मूसा ने ईश्वर के दर्शन किये थे। 2. ऐमन का हिंदी पर्याय होगा : महान् कल्याणकारी। लेकिन ऐमन का संदर्भयुक्त अर्थ समझने के लिए यहाँ हज़रत मूसा और ख़ुदा की मुलाक़ात के क़िस्से का ज़िक्र कर देना ज़रूरी है। हज़रत मूसा परमात्मा में अटूट विश्वास रखते थे। एक बार भक्ति की ऐसी झोंक में आए कि भगवान से आग्रह किया, "मैं आपके साक्षात दर्शन करना चाहता हूँ।" परमात्मा की तरफ़ से जवाब आया कि "नश्वर प्राणियों में मेरी ज्योति सहन करने की शक्ति नहीं है। आज तक किसी शख़्स ने मुझे नहीं देखा। इसलिए ज़िद न करो।" लेकिन मूसा अड़े रहे। आख़िर ख़ुदा ने कहा कि मैं तुम्हें संपूर्ण, साक्षात् दर्शन तो नहीं दे सकता, पर अपनी ज्योति का एक अंश दिखा दूँगा। देखना चाहो तो तूर-ए-सीना पर आ जाओ। फ़ारसी भाषा में तूर का अर्थ है पहाड़। जो इलाक़ा आजकल सीनाई कहलाता है, पुराने जमाने में उसे सीना कहा जाता था। ऐमन इसी पहाड़ में एक घाटी का नाम है। कथा के अनुसार मूसा, पहाड़ पर, ईश्वरीय ज्योति की झलक भर देख कर बेहोश हो गए। ज्योति के प्रताप से पहाड़ जल कर ख़ाक हो गया। जिस पहाड़ पर ख़ुदा ने मूसा को अपना जलवा दिखाया उसका नाम है कोह-ए-तूर। इस पहाड़ की राख को सुरमा-ए-तूर का नाम मिला। चूँकि हज़रत मूसा दुनिया के उन गिन-ए-चुने पैग़ंबरों में से हैं जिनसे ख़ुदा ने

कुन[1] का हिजाब[2] वही उठाए 'ला'[3] के समंदर में जो डूबे
'बला[4] कहा था' और कहोगे, कह के ख़ुद से गुज़र जाओगे

दिल ही कहे और दिल ही समझे, फिर तो बात भी है कहने की
आए ज़बान के चक्कर में तो आप ही कह के मुकर जाओगे

लफ़्ज़ों के मेले में 'ज़फ़र' शायर भी है गुमराह, शेर भी गुम है
खोए रहे इस भीड़ में तो किस राह से होकर घर जाओगे

8

सियाही बढ़ चली है शाम-ए-ग़म की
यहीं हैं सरहदें तेरे करम की मार

ज़ुबाँ से कह तो दूँ दिल का फ़साना
मगर तौहीन है ये चश्म-ए-नम[5] की

उसी ना-मेहबाँ को चाहता हूँ
जहाँ में धूम है जिसके करम की

तेरी ख़ुशबू बसी है हर नफ़स[6] में
नवाज़िश[7] है ख़याल-ए-दम-ब-दम[8] की

इसी आँसू में है आईना-ए-हाल[9]
यही तसवीर है बूद-ओ-अदम[10] की

कलाम किया, इसलिए हज़रत मूसा को 'कलीम' का विशेषण दिया गया। कोह-ए-तूर को ले कर जलवए-तूर, बर्क़-ए-तूर आदि अनेकों प्रतीक हैं। उर्दू कविता में इस आख्यान का प्रयोग सौन्दर्य की दिव्य-शक्ति दिखलाने के लिए किया जाता है। जिस तरह मूसा ईश्वरीय प्रकाश को न सह पाए, उसी तरह आशिक़ भी माशूक़ के सौन्दर्य का उत्ताप नहीं सह पाता। अक्सर, या बेहोश हो कर गिर पड़ता है या पागल हो जाता है। 1. हो जा, ये शब्द ख़ुदा की ज़ुबान से निकले थे। इनसे सृष्टि की रचना हुई। 2. परदा 3. नहीं 4. हाँ 5. आँसुओं से भीगी आँख 6. साँस 7. कृपा 8. निरन्तर विचार 9. दशा का आईना 10. होना और न होना

अशआर

गुर्बत[1] में मिला जब किसी दीवार का साया
हमने यही जाना कि तह-ए-दामन-ए-यार[2] आए

फैली जो रात मेरे मुक़द्दर की तीरगी
वो चाँदनी खिली कि तुम्हारा बदन हुई

क्या समझेगी दुनिया हमें, हम अह्ल-ए-तमन्ना
दुनिया में नज़र आते हैं, होते हैं कहीं और

राह की दीवार था मेरा वुजूद[3]
मैंने ख़ुद को जिस क़दर ढाया, मिला

बे-ख़ुदी[4] पर्दा-ब-पर्दा छा गई
आरज़ू-ए-दीद[5] तुझको क्या मिला

1. परदेस 2. प्रेमिका के आश्रय में 3. अस्तित्व 4. अचैतन्य 5. दर्शन की आशा

रशीद क़ैसरानी

रशीद क़ैसरानी का जन्म 1 अप्रैल, 1930 को डेरा ग़ाज़ी ख़ाँ में बलोच क़बीले क़ैसरानी के नामी सरदार जनाब सरदार शेर बहादुर ख़ाँ के यहाँ हुआ। लाहौर में बी.ए. तक शिक्षा। शायरी कॉलेज के ज़माने से शुरू की। 1953 में पाकिस्तान एयर फ़ोर्स में कमिशंड ऑफ़िसर बने।

रशीद क़ैसरानी की ज़्यादातर ग़ज़लें पढ़ने पर पहले तो लगता है कि जैसे आप एक जादुई तख़्त पर बैठे किसी रेगिस्तान पर उड़े जा रहे हों। फिर पढ़ें तो उस बे-नाम-ओ-निशान रेगिस्तान के नुक़ूश उभरने शुरू होते हैं। कजावे[1], रेत के टीले, आँधी, अलाव, साये की सीध में चलते हुए क़ाफ़िले और क्षितिज से क्षितिज तक फैले हुए फ़ासले। फिर लगता है कि ये सारा अलिफ़-लैलवी छलावा, आवाज़ की परछाइयाँ, जलपरियाँ, एक मुसाफ़िर की आपबीती हैं।

"ये मुसाफ़िर", बक़ौल बज़ीर आग़ा, "उन लोगों से मुख़्तलिफ़ है जो अधेड़ उम्र में भी टीन एज शायरी करते, सूखे हुए फूल किताबों में तलाश करते हैं। मुझे रशीद क़ैसरानी की नज़्में पढ़ते हुए वह शहज़ादा तो मिला जो किसी शहज़ादी की तलाश में एक रेगिस्तानी मायाजाल में से ग़ुजर रहा है। लेकिन ग़ौर से पढ़ने पर मैंने पाया कि ये कैरेक्टर अस्ल में रशीद क़ैसरानी के 'अंदर का इंसान' था। मैंने कुछ देर तक उस शहज़ादे के साथ सफ़र किया है। सांकेतिक भाषा में बात करूँ तो यह मुसाफ़िर वही है जिसे कभी क़ैस का नाम मिला था और जो आज भी अपनी लैला, अपने आइडियल की तलाश में भटक रहा है। रेगिस्तान में एक चीज़ ऐसी है जो मुसाफ़िर की प्यास का फ़ायदा उठाकर उसे अपनी तरफ़ बुलाती है। मुसाफ़िर उस पानी तक पहुँचने के लिए अपनी आख़िरी साँस भी ख़र्च कर डालता है मगर जब पानी तक पहुँचता है तो देखता है कि वहाँ सिर्फ़ चमकती हुई रेत है और पानी दूर कहीं क्षितिज में चमक रहा है। पानी की मृग-तृष्णा और लैला की तलाश, एक ही चीज़ के दो नाम हैं। रशीद

1. ऊँट पर बाँधने की पीठिका (हौदा) जिसमें औरतें बैठती हैं

क़ैसरानी ने इनके लिए चाँदनी और शहज़ादी के सिंबल इस्तेमाल किए हैं। उनके यहाँ चाँदनी एक रौशनी का सैलाब है और शहज़ादी लाल कुजावे में बैठी एक किरण है जो आगे ही आगे को फैलती जा रही है :

किरन-किरन तेरा पैकर, कली-कली चेहरा
ये लख़्त-लख़्त[1] बदन अब कहीं बहम[2] भी तो हो

"शायर अपने आइडियल की बिखरी हुई किरणों को इकट्ठा करने के लिए ख़ुद को बिखर जाने पर मजबूर पाता है क्योंकि वह जानता है कि चाँदनी के फैलाव को रेत का बिखराव ही गिरिफ़्त में ले सकता है :

मैं काँच के टुकड़ों की तरह बिखरा पड़ा हूँ
भूले से कभी मुझको भी पाँव में चुभो लो

हम ख़ुद से जुदा हो के तुझे ढूँडने निकले
बिखरे हैं अब ऐसे कि यहाँ हैं न वहाँ हैं

"बस यही शायर का अस्ल मसला है कि किसी-न-किसी तरह चारों तरफ़ बिखरी हुई किरणों से वह शक्ल तरतीब दे जो उसकी आत्मा की तलब और जुस्तजू[3] को सैराब कर सके। मगर वह आकृति है कि मुजस्सम[4] होकर सामने आती ही नहीं और अगर आती भी है तो पलक झपकने में अपनी सूरत बदल लेती है :

पत्थर है तू कभी, कभी शबनम, कभी हवा
तुझसे करेगा कोई कहाँ तक बराबरी"

लैला एक छलावा है मगर ऐसा छलावा जो ख़ुद को किरणों के बिखराव में ज़ाहिर करती है। शायद इसीलिए रशीद की शायरी में प्रेमिका को बार-बार किरण कह कर पुकारा गया है :

निकली है जो सौ बार रग-ए-जाँ से गुज़रकर
ऐ शब! कोई पैग़ाम उस आवारा किरन का

---

1. टुकड़े-टुकड़े, 2. आपस में मिले 3. खोज. 4. साक्षात्

मजनूँ, लैला और सहरा के रूपक को अगर आगे बढ़ाएँ तो रशीद क़ैसरानी की काव्यगाथा में तीन तत्त्व उभरते हैं : एक तलाश करने वाले का पात्र, दूसरा जिसे तलाशा जा रहा है और तीसरा रेगिस्तान का रंगमंच जहाँ दो पात्र मिलने के बाद हमेशा बिछड़ जाते हैं। मिलाप की सूरत सिर्फ़ इतनी है कि जब तलाश करने वाला कणों में और प्रेमिका किरणों में तब्दील हो जाती है तो ज़रा-सी देर के लिए कण किरणें बन जाते हैं। मगर ज्यों ही किरणें सिमटती हैं, एक चौथा पात्र स्टेज पर उभरता है। यह पात्र है सूरज, जो तलाश में भटकते, मगर किरणों के मायाजाल से थोड़ी देर के लिए आश्वस्त, मजनूँ मुसाफ़िर पर अपनी रौशनी का कटीला बार करता है :

हज़ारों तीर बरसाएगा सूरज
छुपा लो अपने चेहरों को छुपा लो

सूरज ने सुब्ह-दम मेरे पाँव में डाल दी
मैं काटता रहा हूँ जो ज़ंजीर रात भर

रशीद क़ैसरानी की शायरी का सूरज उन क़बाइली परम्पराओं का प्रतीक भी है जिन से रशीद क़ैसरानी को बार-बार जूझना पड़ा है। उसकी नज़्मों में सूरज एक तंग नज़रिये का निशान है। सूरज उस नुक़्ता-ए-नज़र का नुमाइंदा है जो हमेशा रौशनी के घेरे में क़िलाबंद, उन परछाईंदार और पुर-असरार रास्तों को नापसंद करता है जो एक स्वतंत्र चिंतक की सफ़रगाह भी है और सिद्धि भी। यही वजह है कि तंगनज़री से तनी हुई तलवार-बाजी में रशीद क़ैसरानी ने हथियार नहीं डाले, एक मुजाहिद[1] की तरह ज़ख़्म सहता चला गया है। उसने अपनी शायरी की रविशों पर फैला हुआ रेगिस्तान किसी रौंदे हुए रास्ते से तय नहीं किया, अपने क़दमों से गर्म रेत पर एक नया रास्ता बनाया है। इसीलिए उसकी शैली पर भी किसी और की परछाईं नहीं पड़ी। इसीलिए वह कई शब्दों को इस तरह प्रयोग करता है जैसे उन्हें पहली बार प्रयोग किया गया हुआ हो। संग्रह : फ़सील-ए-लब।

21 जून, 2010 को इनका निधन हो गया।

---

1. धर्म योद्धा

किरनें और किर्चियाँ

चाँदनी पर ग़ज़ल कहने वाली से मैंने कहा
"चाँदनी तुम भी हो"
और—वो हँस पड़ी
उसके होंटों पे बिखरी हुई
नीमजाँ[1] ज़र्द[2] किरनों को मैंने चुना
और—मैं रो पड़ा

उसने मुझसे कहा
"बोल तेरे हैं सब काँच की चूड़ियाँ
काँच की चूड़ियाँ किसको पहनाओगे?"
और—मैं हँस पड़ा
किर्चियाँ मेरे होंटों से झड़ने लगीं
और—वो रो पड़ी

जर्द किरनों में जब किर्चियाँ मैं पिरोने लगा
वो भी रोने लगी मैं भी रोने लगा

कश्फ़

मुझे कह रही थी
"मैं कुछ अनसुने लफ़्ज़ जब भी सुनूँगी
तो फिर उम्र भर उनसे खेला करूँगी
मैं हँसती रही हूँ, मैं हँसती रहूँगी"

---

1. अधमरी 2. पीली

मगर फिर हुआ यूँ
कि जब उसने पलकों की चिलमन उठाई
तो मैंने ये देखा
कि उस गहरे नीले समंदर में
काग़ज़ की नाव पे लफ़्ज़ों का लाशा[1] पड़ा था
समंदर की मौजों में मातम बपा[2] था

1

तन्हाइयों का हब्स[2] मुझे काटता रहा
मुझ तक पहुँच सकी न तेरे शह्र की हवा

वो कहक़हों की सेज पे बैठा हुआ मिला
मैं जिसके दर पे दर्द की बारात ले गया

इक उम्र जुस्तजू में गुजारी तो ये खुला
वो मेरे पास था मैं जिसे ढूँडता रहा

निकला हूँ लफ़्ज़-लफ़्ज़ से मैं डूब-डूबकर
ये तेरा ख़त है या कोई दरिया चढ़ा हुआ

नज़रें मिलीं तो वक़्त की रफ़्तार थम गई
नाज़ुक से एक लम्हे पे सदियों का बोझ था

मैंने बढ़ा के हाथ उसे छू लिया रशीद
इतना क़रीब आज मेरे चाँद आ गया

2

गाता रहा है दूर कोई हीर रात भर
मैं देखता रहा तेरी तसवीर रात भर

---

1. शव 2. उपस्थित 3. उमस

तारों के टूटने की सदा गूँजती रही
होती रही है रात की तशहीर[1] रात भर

मैं चल पड़ा तो कट के वो क़दमों में आ गिरी
लटकी थी मेरे सर पे जो शमशीर[2] रात भर

सूरज ने सुब्ह-दम मेरे पाँव में डाल दी
मैं काटता रहा हूँ जो ज़ंजीर रात भर

मैं ख़ामुशी में डूब के कुछ सोचता रहा
कुछ बोलती रही तेरी तसवीर रात भर

मैं सो गया रशीद तो हाला बिखर गया
पहनी न चाँद ने कोई ज़ंजीर रात भर

3

पानी की तरह रेत के सीने में उतर जा
या फिर धुआँ ही बन के ख़लाओं में बिखर जा

लहरा किसी छतनार पे, ओ मीत हवा के
सूखे हुए पत्तों से दबे पाँव गुज़र जा

चढ़ती हुई इस धूप में साया तो ढलेगा
एहसान कोई रेत की दीवार पे धर जा

बुझती हुई इक शब का तमाशाई हूँ मैं भी!
ऐ सुबह के तारे, मेरी पलकों पे ठहर जा

लहराएगा आकाश पे सदियों तेरा पैकर
इक बार मेरी रूह के साँचे में उतर जा

1. बदनामी 2. तलवार

इस बन में रहा करती है परछाईं सदा की
ऐ रात के राही, तू ज़रा तेज़ गुज़र जा

उस पार चला है तो रशीद अपना असासा[1],
बेहतर है किसी आँख की दहलीज़ पे धर जा

4

है शौक़ तो बेसाख़्ता आँखों में समो लो
यूँ मुझको निगाहों की तराज़ू में न तोलो

मैं भी हूँ किसी आँख से टूटा हुआ मोती
मुझको भी किसी रेशमी डोरी में पिरो लो

लाया हूँ मैं ख़ुद दिल को हथेली पे सजाकर
इस जिंस के बाज़ार में क्या दाम है, बोलो

अब कौन बिखेरेगा कड़ी धूप में गेसू
ख़ुद अपने ही दिल के किसी तहख़ाने में सो लो

मैं काँच के टुकड़ों की तरह बिखरा पड़ा हूँ
भले से कभी मुझको भी पाँव में चुभो लो

दिन भर तो रशीद आपको हँसना ही पड़ेगा
रोना है तो अब रात की तन्हाई में रो लो

5

सहरा-सहरा बात चली है, नगरी-नगरी चर्चा है
रात के ग़ग गें सूरज साईं बादल ओढ़े फिरता है

---

1. पूँजी

झोंका-झोंका तेरी ख़ुशबू मुझसे लिपट कर गुज़री है
रेज़ा-रेज़ा तेरी ख़ातिर मैंने जिस्म गँवाया है

दिन भर बादल छम-छम बरसा, शाम को मतला[1] साफ़ हुआ
तब जा कर इक क़ौस-ए-क़ुज़ह[2] पर तेरा पैकर उभरा है

तूने जिसकी झोली में दो फूल भी हँस कर डाल दिये
सारी उम्र वो काग़ज़ पर ख़ुशबू की लकीरें खेंचता है

तुम क्यों तेज़ नोकीले नेज़े तान के मुझ पर झपटे हो
मेरा मुक़द्दर, तुंद[3] बगूलो, यूँ भी तो बुझ जाना है

मैंने अपने गिर्द बना ली ज़ख़्मों की दीवार नई
एक पुराना ग़म लेकिन रह-रह कर मुझ पर हँसता है

जलते-जलते मैं बुझ जाऊँ, या तू अग्नि रूप में आ
तेरा मेरा मेल हो कैसे, मैं सूरज तू साया है

सब क़ुहसार[4], समंदर, सहरा घूमें उसके गिर्द रशीद
वो इक शख़्स जो दुनिया भर में तन्हा-तन्हा रहता है

6

शब की दहलीज़ को जिसने भी सँवारा होगा
उसके माथे पे मुक़द्दर का सितारा होगा

डूबतें लम्हों के पतवार सँभाले रखना
मौजा-ए-दर्द[5] के उस पार किनारा होगा

इक भटकती हुई परछाईं को चैन आ जाए
काश कह दे कि उसे तूने पुकारा होगा

---

1. आकाश 2. इंद्रधनुष 3. तेज़ 4. पर्वत-श्रेणियाँ 5. दुख की लहर

हम ही थे जिस्म का जो बार उठाकर डूबे
तूने ये बोझ तो साहिल पे उतारा होगा

मैं भी सदियों से ख़लाओं[1] का मुसाफ़िर हूँ रशीद
मुझको भी चाँद के आँगन से इशारा होगा

7

तुम बुरे कब थे कि यूँ आख़िर भले हो जाओगे
इस क़दर हँसने से लेकिन खोखले हो जाओगे

मेरी गर्दन में अभी किरनों सी बाँहें डाल दो
क्या पता है क्या से क्या तुम दिन ढले हो जाओगे

सर पे आ पहुँचेगा सूरज और साये की तरह
होते-होते तुम भी गुम पैरों तले हो जाओगे

मैं तो नाव की तरह बस डोलता रह जाऊँगा
तुम तो मौजों के सबुक-रौ[2] क़ाफ़िले हो जाओगे

बट गए दिल के दफ़ीने[3], मुझमें अब कुछ भी नहीं
होंट सी लो, वर्ना तुम भी खोखले हो जाओगे

अजनबी साया कोई, सीमीं[4] बदन पर ओढ़ लो
यूँ ख़ुद अपनी धूप में तुग साँवले हो जाओगे

क्या ख़बर थी साथियो, जब आँधियाँ चलने लगीं
तुम सभी रेग-ए-रवाँ[5] के काफ़िले हो जाओगे

दिल में है लावा तो फिर उसको उगल डालो 'रशीद'
वर्ना घुट-घुटकर मुजस्सम[6] ज़लज़ले[7] हो जाओगे

---

1. अन्तरिक्ष 2. शीघ्र गति 3. गड़ा हुआ खज़ाना 4. चाँदी जैसा 5. उड़ती हुई रेत 6. साकार 7. भूचाल

8

बात सूरज की कोई आज बनी है कि नहीं
वो जो इक रात मुसलसल थी कटी है कि नहीं

तेरे हाथों में तो आईना वही है कि जो था
सोचता हूँ मेरा चेहरा भी वही है कि नहीं

मुझको टकरा के ब-हर-हाल बिखरना था, मगर
वो जो दीवार-सी हाइल[1] थी, गिरी है कि नहीं

उसका चेहरा है कि महताब, वो आँखें हैं कि झील
बात, इस बात से आगे भी चली है कि नहीं

अपने पहलू में हुमकते हुए साये न सजा
क्या ख़बर उनसे ये मिलने की घड़ी है कि नहीं

हब्स[2] चेहरों पे तो सदियों से मुसल्लत[3] है मगर
कोई आँधी भी किसी दिल में उठी है कि नहीं

पूछता फिरता हूँ मैं भागती किरनों से रशीद
इस भरे शहृ में अपना भी कोई है कि नहीं

9

सदियों से मैं उस आँख की पुतली में छुपा था
पलकों पे अगर मुझको सजा लेते तो क्या था

तू फैल गया ता-ब-अबद[4] मुझसे बिछड़कर
मैं जिस्म के ज़िंदा[5] में तुझे ढूँड रहा था

हाँ मुझको तेरे सुर्ख़ कुजावे की क़सम है
इस राह में पहले कोई घुँघरू न बजा था

1. बीच में 2. उमस 3. छाया हुआ 4. अनन्त काल तक 5. कारावास

गुज़रे थे मेरे सामने तुम दोश-ए-हवा[1] पर
मैं दूर कहीं रेत के टीले पे खड़ा था

सीने में उभरते हुए सूरज का तलातुम[2]
आँखों में तेरी, डूबती रातों का नशा था

गुज़रा न इधर से कोई पत्थर का पुजारी
मुद्दत से मैं इस राह के माथे पे सजा था

जब वक़्त की दहलीज़ पे शब काँप रही थी
शोला-सा मेरे जिस्म के आँगन से उठा था

अब जानिए क्या नक़्श हवाओं ने बनाए
उस रेत पे मैंने तो तेरा नाम लिखा था

ऐ दीदा-ए-हैराँ[3], तू ज़रा और क़रीब आ
ऐ ढूँडने वाले मैं तुझे ढूँड रहा था

अच्छा है रशीद आँख भर आई है किसी की
उस ख़ुश्क समंदर में तो मैं डूब चला था

10

कौन कहता है तेरे दिल में उतर जाऊँगा
मैं तो लम्हा हूँ तुझे छू के गुज़र जाऊँगा

शब के चेहरे में कोई रंग तो भर जाऊँगा
चल पड़ा हूँ तो मैं अब ता-ब-सहर[4] जाऊँगा

आसमानों की सफ़ें काट के पहुँचा था यहाँ
अब तेरी आँख से टूटा तो किधर जाऊँगा

1. हवा का कंधा 2. बाढ़ 3. चकित आँख 4. सुबह तक

अपनी नज़रों का कोई दायरा बुन ले मेरे गिर्द
वर्ना इन तेज़ हवाओं में बिखर जाऊँगा

मैंने काग़ज़ पे सजाए हैं जो ताबूत न खोल
जी उठे लफ़्ज़ तो मैं ख़ौफ़ से मर जाऊँगा

कौन ख़ुशबू से हवाओं का बदन छीनता है
तू मेरे साथ रहेगा, मैं जिधर जाऊँगा

रेग-ए-साहिल[1] से रही अपनी शनासाई[2] तो फिर
एक दिन गहरे समंदर में उतर जाऊँगा

चाँद-तारों की तरह मैं भी हूँ गर्दिश में 'रशीद'
हाँ अगर तूने पुकारा तो ठहर जाऊँगा

11

मुझे जो शह्-ए-रग-ए-जाँ के रास्ते न मिले
गिला करूँ भी तो कैसे, कि वो मुझे न मिले

वो सामने था मगर यूँ कि जैसे ईद का चाँद
किरन-किरन से पुकारे मगर गले न मिले

मैं सोचता था उसे और वो सोचता था किसे
तलाश पर भी मुसल्लस[3] के ज़ाविये[4] न मिले

बस एक बार मिले लोग किर्चियों वाले
कभी भी ज़ख़्म फिर अपने हमें सिले न मिले

ये कैसी बाँझ रुतें हैं कि तुझसे मिलकर भी
वो रतजगे न मिले, वो मुराक़बे[5] न मिले

---

1. साहिल की रेत 2. जान-पहचान 3. त्रिकोण 4. कोण 5. अन्तर्ध्यान

पड़े न आईना-रू[1] पर किसी नज़र की ख़राश
हमारा क्या है, हमें वो मिले-मिले न मिले

तमाम उम्र गुज़ारी है कहकशाओं[2] में
ये क्या कि अंजुम-ए-जाँ[3] हम कभी तुझे न मिले।

रशीद यूँ तो बियाबाँ-नवर्द[4] कितने थे
हमें किसी के भी पाँव पे आबले[5] न मिले

12

क़हक़हों के तीर बरसाए तो घायल मैं भी था
अश्क जब वो बाँटने निकला तो साइल[6] मैं भी था

चाँद पर अपनी सियाही फेंकना, फिर नाचना
जश्न अंधी रात का था और शामिल मैं भी था

कुफ़्र[7] था सूरज जहाँ और रौशनी मसलूब[8] थी
उस जहान-ए-सर्द में इक बर्फ़ की सिल मैं भी था

रात भर लड़ता रहा हूँ बाग़ियों की फ़ौज से
सुब्ह-दम देखा तो ख़ुद अपने मुक़ाबिल मैं भी था

हब्स इतना था कि दी वहशी हवाओं को सदा
फिर वहाँ ज़ख़्मी शजर थे और घायल मैं भी था

कैसे होतीं फिर बयाज़[9]-ए-दिल की तफ़सीरें[10] रशीद
वो भी लब-बस्ता[11] था और कुछ हर्फ़-ए-मुश्किल[12] मैं भी था

---

1. दर्पण जैसा चेहरा 2. आकाशगंगा (बहु.) 3. प्राणों का तारा 4. जंगल में फिरने वाला 5. छाले 6. भिक्षुक 7. धर्म के विरुद्ध 8. सलीब पर टँगा हुआ 9. नोटबुक 10. विवरण 11. मुँह बंद, चुप 12. कठिन शब्द

13

एक सूरज था हथेली पे सजा वो भी नहीं
एक साया था मेरे पास रहा वो भी नहीं

एक नग़मा जो रग-ए-जाँ से बुना था मैंने
वाली-ए-तख़्त-ए-सदा[1] तूने सुना वो भी नहीं

वक़्त का सैल[2] तो तिनकों से कहाँ रुकता था
मेरे हिस्से का जो लम्हा[3] था रुका वो भी नहीं

जाने किस देश गया क़ाफ़िला आवाज़ों का
दश्त-ए-दिल में जो भटकती थी सदा वो भी नहीं

ये तो सब ताज़ा हैं कुछ और लहू रोएँगे
वो जो इक ज़ख़्म पुराना था रहा वो भी नहीं

तेरे चेहरे की फ़ज़ा में वही जश्न-ए-महताब
मेरी पलकों पे जो रौशन था दिया वो भी नहीं

आयतें[4] मुझ पे उतरती हैं उन आँखों से रशीद
मैं पयम्बर भी नहीं और ख़ुदा वो भी नहीं

---

1. आवाज़ों का शासक 2. बाढ़ 3. क्षण 4. कुरान शरीफ़ की एक पंक्ति; आयत उतरने का तात्पर्य है ईश्वरीय ज्ञान की आकाशवाणी

शरीफ़ मुनव्वर

शरीफ़ मुनव्वर की ज़िंदगी क्लर्की से शुरू हुई। उसने अपनी ग़ज़लों में जगह-जगह उसी तबक़े[1] के मसाइल[2] नज़्म किये हैं।

दफ़्तर के बाद भी वही दफ़्तर का तज़्किरा[3]
दिन तो गँवा दिया है, मगर रात मत गँवा

शरीफ़ की शायरी निचले तबक़े के एक पढ़े-लिखे व्यक्ति की पद्यात्मक डायरी है जिसमें क्लर्की का नौहा भी एक खनकती आवाज़, बोलते लहजे और बेसाख्ता इज़हार[4] की सनद है। ये बेसाख़्तगी[5] सिर्फ़ उन फ़नकारों के हिस्से में आती है जो जानते हैं कि वे क्या कर रहे हैं।

शरीफ़ मुनव्वर ने 1957 से शायरी शुरू की। पहल-ए-पहल बच्चों की नज़्में लिखीं। 1960 से शेर कहना शुरू किया। फिर क़तर (U.A.E.) में नौकरी करते रहे।

संग्रह : 'तआरुफ़' (1978)।

---

1. वर्ग 2. समस्याएँ 3. चर्चा 4. नैसर्गिक अभिव्यक्ति 5. सहज स्वतोभाव

1

बे-मक़सद ख़ाके[1], मुबहम[2] तसवीरें हैं
काग़ज़ पर कुछ नामालूम[3] लकीरें हैं

इक दरिया में उठती हैं लाखों मौजें
इक इनसां है और कितनी तसवीरें हैं

अच्छा चेहरा अक्सर धोखा देता है
उम्दा काग़ज़ पर घटिया तहरीरें[4] हैं

उनकी नज़्में ख़ूब, मेरे अशआर फ़ज़ूल ख़्वाब
हैं यक्साँ अलग-अलग ताबीरें[5] हैं

अह्द-ए-हाज़िर[6] का वहशी हूँ मेरे लिए
नई-पुरानी कितनी ही ज़ंजीरें हैं

2

अपने दफ़्तर से निकलते हैं तो घर जाते हैं
लोग जीने की तग-ओ-दौ[7] में भी मर जाते हैं

रात भर होते हैं किस तरह न जाने यकजा
सुब्ह दम शह्र की सड़कों पे बिखर जाते हैं

शाख़-ए-गुल कितनी ही फ़स्लों के उठाती है अज़ाब[8]
रंग-ओ-बू फूल में यूँ ही नहीं भर जाते हैं

---

1. रेखाचित्र (बहु.) 2. अस्पष्ट 3. अज्ञात 4. लेख (बहु.) 5. स्वप्नफल (बहु.) 6. वर्तमान युग 7. प्रयत्न 8. कष्ट

हादसे रहते हैं यूँ उम्र-ए-रवाँ के हमराह
जैसे अमवाज[1] के हमराह भँवर जाते हैं

अजनबी शह्र में शायद कोई अपना मिल जाए
जिस जगह भीड़ नज़र आए ठहर जाते हैं।

जब भी मर जाता है मुफ़लिस, किसी कुनबे का कफ़ील[2]
एक के साथ कई और भी मर जाते हैं

मुझको मालूम है जब मैं नहीं होता मौजूद
ख़ुद-ब-ख़ुद आपके गेसू[3] भी सँवर जाते हैं

3

अज़िय्यत-ए-दिल-ए-मुश्कीं-नफ़रा[4] बढ़ाओ मत
जो दर्द दिल में छुपा है उसे छुपाओ मत

वो ख़ुद-पसंद बहुत और तुम बहुत ख़ुद्दार
ये शेर लिक्खे हैं जिस पर उसे सुनाओ मत

तुम्हारे रौज़न-ओ-दर[5] रौशनी की सम्त नहीं
सहर के बाद भी घर के दिये बुझाओ मत

अब इससे बढ़ के हिमाक़त भी और क्या होगी
कि जिसको याद न आओ उसे भुलाओ मत

हवा ने बर्ग-ए-शिकस्ता[6] से कह दिया आख़िर
तुम इस ज़मीन पे अपने क़दम जमाओ मत

वही है वहशत-ए-दिल और वही अज़ाब-ए-नज़र[7]
अभी 'शरीफ़ मुनव्वर' के पास आओ मत

---

1. लहर (बहु.) 2. पोषक 3. केश, बाल 4. सुगंधित साँस के दिल की यातना 5. छेद और दरवाज़ा 6. टूटा पत्ता 7. दृष्टि की यातना

4

ये क्या कि पर्दा-ए-अलफ़ाज़[1] में छुपाए मुझे
हर एक शेर मेरा सामने भी लाए मुझे

मेरा बदन ही तमाज़त-पसंद[2] है वर्ना
हज़ार राह में मिलते रहे हैं साये मुझे

मैं बावफ़ा था मगर उससे बेवफ़ाई की
कि इस सुलूक से शायद वो भूल जाए मुझे

वो इब्तिदा-ए-मुहब्बत[3] की शायरी मेरी
पढ़ तो ख़ुद पे तरस भी हँसी भी आए मुझे

गुज़र रहा है ये किस मरहले[4] से फ़न[5] मेरा
जो नक़्श ख़ुद मैं बनाऊँ वही डराए मुझे

5

ऐश-ए-हाज़िर[6] भी कहाँ ग़म से रिहाई देगा
लज़्ज़त-ए-क़ुर्ब[7] में एहसास-ए-जुदाई देगा

एक ही अक्स हर इक अक्स पे होगा हावी
लाख चेहरों में वही शख़्स दिखाई देगा

उफ़ ये इख़लास[8] तेरा, उफ़ ये तेरा तर्ज़-ए-तपाक[9]
तू मुझे कौन सा दुख ऐ मेरे भाई देगा

हाय वो ग़म कि मिलेगा मुझे शहनाई से
हाय वो दुख जो तेरा दस्त-ए-हिनाई[10] देगा

---

1. शब्दों का पर्दा 2. धूप की गर्मी को पसंद करने वाला 3. प्रेम का प्रारम्भ 4. कठिन मंज़िल 5. कला 6. वर्तमान भोग-विलास 7. सामीप्य का आनंद 8. स्नेह 9. प्रेम का ढंग 10. मेहंदी लगा हाथ

मेरे एहसास से ज़ाहिर है सदाक़त[1] मेरी
मैं जो चाहूँगा वही रंग दिखाई देगा

सिरफिरा लाख सही फिर भी 'मुनव्वर' कब तक
बर्फ़-ए-एहसास[2] को तू शोला-क़बाई[3] देगा।

6

सर-ए-सहरू कोई पौदा खड़ा है
ये अपनी उम्र से इतना बड़ा है

शब-ए-तारीक-ओ-तूफ़ान-ए-बलाखेज़[4]
ये कोमल हाथ और कच्चा घड़ा है

मसाइल[5] से गुरेज़ाँ[6] था कभी दिल
कभी बेकार बातों पर लड़ा है

तलाश-ए-संग में क़ाइम है अब तक
जो हीरा ताज में तेरे गड़ा है

तबीअत में है जिसकी सुल्ह-जूई[7]
वो अपने आप से अक्सर लड़ा है

'मुनव्वर' तीरगी[8] से रौशनी तक
सफ़र क्या जानिए कितना कड़ा है

7

अक्स-ए-यार हज़ार हुआ, दिल इतना पहलूदार हुआ
पहले प्यार था एक तुझी से, अब हर इक से प्यार हुआ

---

1. सत्यता 2. एहसास की बर्फ़ 3. शोलों का लिबास 4. अँधेरी रात और भयानक तूफ़ान
5. समस्या (बहु.) 6. संकुचित 7. परस्पर मेल-जोल से रहन 8. अंधकार

सुब्ह-ओ-शाम का रंग है कोई और न ख़ुशबू मौसम की
घर की नई तामीर हुई तो जो दर था दीवार हुआ

कोह के लब पर सिर्फ़ धुआँ था अब इक आग भी रौशन है
जितना कोई ख़्वाबीदा था उतना ही बेदार हुआ

यारों को बस ज़िम्मेदारी के एहसास ने मार दिया
वर्ना कार-ए-शौक़[1] तो कब था सहल कि अब दुश्वार हुआ

अपने अंदर से बाहर तक इक आवाज़ का रिश्ता था
और आवाज़ का ये रिश्ता ही शेर बना, मेयार[2] हुआ

कच्ची उम्र का घाव 'मुनव्वर' हरा हमेशा रहता है
अब भी है वो हिज्र का मौसम जैसे पहली बार हुआ

8

ज़रा सी देर सही रुख़ बदलना चाहता है
जिसे भी देखिए घर से निकलना चाहता है

मेरा मिज़ाज समझने की भी करे ज़हमत
वो एक शख़्स कि मुझको बदलना चाहता है

लरज़ रही है यहाँ लौ चराग़-ए-ख़ाना की
बताओ कौन सर-ए-राह जलना चाहता है

इक इज़्तिराब[3] है, दिल से दरीचा-ए-जाँ[4] तक
ये कौन मुझमें छुपा है, निकलना चाहता है

नए सफ़र पे किया जिसने मुझको आमादा!
वही तो अब मेरा रस्ता बदलना चाहता है

---

1. इच्छित कार्य 2. स्तर 3. व्याकुलता 4. प्राण की खिड़की

बला से ताज में चमके कि ख़ाक में मिल जाए
गुहर[1] तो बित्न-ए-सदफ़[2] से निकलना चाहता है

ख़ुशी तो ये है कि चलना सिखा रहा हूँ उसे
जो शख़्स मुझसे भी आगे निकलना चाहता है

9

दर्द-ए-दिल मोतबर भी होता है
शख़्सियत का असर भी होता है

किस नगर में क़याम[3] करता मैं
कहीं मजनूँ का घर भी होता है

शह्र में आ के ये हुआ मालूम
आदमी, जानवर भी होता है

एक बेख़ौफ़[4] जुस्तजू[5] के साथ
एक अनजान डर भी होता है।

शिकवा-ए-दह्र[6] क्या कि दुख अक्सर
अपने एहसास पर भी होता है

कूचागर्दो! तुम्हें पता है क्या
एक ज़ह्नी सफ़र भी होता है।

जो बहार-ओ-ख़िज़ाँ के ग़म सह जाए
वही पौदा शजर भी होता है।

फ़न से इज़हार-ए-फ़न[7] है मुश्किल-तर
दर्द-ए-दिल दर्द-ए-सर भी होता है

---

1. मोती 2. सीपी की कोख 3. निवास 4. निडर 5. तलाश 6. समय से शिकायत 7. रचना की अभिव्यक्ति

10

मोती-मोती टटोलते रहिए
एक-इक लफ़्ज़ तोलते रहिए

बंद कीजे कभी दरीचों को!
कभी दरवाज़े खोलते रहिए

क्यों सर-ए-अंजुमन रहे ख़ामोश
अब अकेले में बोलते रहिए

शह्र की दिलकशी में क्या शक है
जेब को भी टटोलते रहिए

बच गए हैं अगर समंदर से
अपनी लहरों में डोलते रहिए

11

जो बात दिल में थी काग़ज़ पे कब वो आई है
कि अब क़लम में तो माँगे की रौशनाई है

यही नहीं कि धुआँ चुभ रहा है आँखों में
धुआँ भी सामने है और अक़्ब[1] में खाई है

मैं अपने जिस्म के धब्बे छुपाए फिरता हूँ
मेरे लिबास से महँगी मेरी धुलाई है

जो तेरे क़ुर्ब[2] में गुज़री न तेरी फ़ुर्क़त[3] में
वो उम्र हमने न जाने कहाँ गँवाई है

सदफ़[4] हैं या कि गुहर,[5] झाग हैं कि रेत फ़क़त
हमारे वास्ते क्या ले के मौज आई है

1. पीछे 2. समीपता 3. वियोग 4. सीपी 5. मोती

12

बदल-बदल के वही सूरतें दिखाए कहीं
ये अह्द-ए-नौ[1] भी पुराने ही दुख न लाए कहीं

फिर उसके हुस्न की रंगत न हो बहारों में
फिर उसकी ज़ुल्फ़ की ख़ुशबू हवा न लाए कहीं

निगाह रुक गई किस पर कि फिर हटी ही नहीं
क़दम उखड़ गए ऐसे कि जम न पाए कहीं

बहुत है रिंद-ए-ख़राबात[2] आजकल हुश्यार
कि मय पिये ये कहीं और लड़खड़ाए कहीं

ये आरज़ू भी कि चिल्लाऊँ पूरी क़ुव्वत[3] से
ये ख़ौफ़ भी कि सदा[4] कोई सुन न पाए कहीं

अजीब खेल 'मुनव्वर' ये हमने देखा है
कहीं है धूप फ़क़त और सिर्फ़ साये कहीं

13

नग़मगी[5] से सुकूत[6] बेहतर था
मैं था और इक किराए का घर था

कोई मुझ सा न दूसरा आया
यूँ तो हर शख़्स मुझसे बेहतर था

हर तरफ़ क़ह्त-ए-आब[7] था लेकिन
एक तूफ़ान मेरे अंदर था

मैं बना था ख़लीफ़ा-ए-दौराँ[8]
यूँ कि काँटों का ताज सिर पर था

---

1. नवयुग 2. शराबख़ाने का शराबी 3. शक्ति 4. आवाज़ 5. संगीत 6. चुप्पी 7. पानी का अभाव 8. इस युग का प्रतिनिधि

मैं मुसलसल वहाँ चला कि जहाँ
दो क़दम का सफ़र भी दूभर था

घिर गया था मैं इक जज़ीरे[1] में
और चारों तरफ़ समंदर था

एक-इक मौज मुझसे टकराई
जुर्म ये था कि मैं शनावर[2] था

वहशतों में बला का था फैलाव
दश्त और घर का एक मंज़र था

एक दीवार दरमियान रही
वर्ना दोनों का एक ही घर था

दोस्त-दुश्मन सभी को है मालूम
क्या 'मुनव्वर' है, क्या 'मुनव्वर' था!

14

आओ—आने में अगर आर[3] नहीं
घर में जुज़[4] साया-ए-दीवार नहीं

है वही हौसला-ए-रहरव-ए-शौक़[5]
हाँ जो पहले थी वो रफ़्तार नहीं!

आगे बढ़ने की नहीं है ताक़त
लौट जाने के भी आसार नहीं

वो अकेला नहीं जाने देता
साथ चलने पे भी तैयार नहीं

---

1. द्वीप 2. तैराक 3. लाज 4. अतिरिक्त 5. अभिलाषा के रास्ते के मुसाफ़िर का आवेग

रोज़ किस तरह मुलाक़ात रहे
मेरी जाँ रोज़ तो इतवार नहीं

इश्क़ है मश़गला-ए-उम्र-तलब[1]
सब मेरी तरह तो बेकार नहीं

अशआर

सूरज की तमाज़त[2] में कमी आए न आए
जो छाँव कि देनी है शजर[3] दे के रहेगा

कर्ज़-ए-तन्हाई कुछ ऐसा है 'मुनव्वर' सिर पर
चौंक उठता हूँ मैं दस्तक हो किसी के दर पर

तेरे ही ग़म से ज़माने का ग़म हुआ महसूस
तुझी से दूर तेरी राह ले गई है मुझे

तेरे सुलूक ने बख़्शा शऊर-ए-ज़ीस्त[4] हमें
वगरना इतने ज़माना-शनास[5] हम भी न थे

उससे मिलकर ख़ुशी हुई क्या-क्या
जैसे अब कोई मसअला ही नहीं

ख़ुद जल रहे हैं ताकि ज़माने में छाँव हो
सहराओं में दरख़्त की सूरत खड़े हैं हम

रौशनी तो कोई न देख सका
सबने समझा दिया है मिट्टी का

---

1. ऐसा कार्य जो बहुत समय चाहता हो 2. गर्मी 3. पेड़ 4. ज़िंदगी का ढंग 5. समय के अनुकूल काम करने वाला

सामने जब मेरे मंज़िल आई
बढ़ गया और थकन का एहसास

उसको पाने की तमन्ना है बड़ी चीज़ मगर
दोस्तो सिर्फ़ तमन्ना से भी क्या होता है

ये भी एजाज़[1] कोई कम तो नहीं है यारो
लोग हर शख़्स को गाली भी कहाँ देते हैं

---

1. सम्मान

शाहिद शैदाई

शाहिद शैदाई का जन्म 17 दिसंबर, 1938 को अमृतसर में जन्म हुआ। पंजाब यूनिवर्सिटी से बी.ए. किया। बैंक में मुलाज़िम रहे।

बक़ौल मिर्ज़ा अदीब, "शाहिद शैदाई मायूसियों, वीरानियों और महरूमियों का शायर है। शायद कहा जाएगा कि वह तबअन यास-परस्त[1] है और ज़िंदगी के बारे में उसका रवैया क़ुनूतियत-ज़दा[2] है। मगर यह हक़ीक़त-ए-हाल नहीं है। शाहिद के फ़न में ख़्वाबों की रंगारंगी है और वह मौजूदा ज़िंदगी के तल्ख़ हक़ाइक[3] को अपने ख़्वाबों पर क़ुर्बान नहीं करता। न अपने ख़्वाबों को इसकी इजाज़त देता है कि वे उसकी जज़्बाती तल्ख़ियों[4] को अपने रंगों में क़ैद कर लें। शाहिद सिर्फ़ ज़हनाक[5] शायर है और इस वजह से ज़हनाक है कि जिस दौर में उसने शऊर की आँख खोली है वह एक हस्सास[6] इनसान के लिए ज़हनाकियों के सिवा और कुछ नहीं लाया। शाहिद ने देखा है कि हमारी तहज़ीबी ज़िंदगी वरक़-वरक़[7] हो गई है। जंगलों की वीरानियाँ शह्रों में आ बसी हैं और नस्ल-ए-इनसानी हज़ारों मसाइल[8] के शिकंजे में जकड़ी हुई है। उसने वह ज़ह्र, जो वक़्त के सीने से फूट रहा है, अपनी रग-रग में उतारकर फ़नकराना हक़ीक़तपसंदी[9] की वाज़ेह दलील[10] दी है।"

ग़ज़लों का संग्रह : 'वरक़-वरक़' 1975 में प्रकाशित हुआ।

---

1. निराशावादी 2. निराशावादिता का 3. यथार्थ (बहु.) 4. कटुता (बहु.) 5. विषाक्त 6. संवेदनशील 7. बिखर गई है 8. समस्या (बहु.) 9. यथार्थवाद 10. तर्क, प्रमाण

स्वयंवर

जब मुझे कोई जवाँ जिस्म नज़र आता है,
मेरी हर साँस तेरी याद में ढल जाती है
लम्हा भर के लिए रुक जाती है नब्ज़-ए-हिज्राँ[1],
लम्हा भर के लिए तू पास चली आती है

और फिर सुर्ख़ी-ए-आरिज़[2] के शरारे[3], यकसर
मेरे जज़्बात में यूँ आग लगा देते हैं
जैसे अख़बार की जलती हुई सुर्ख़ी के हरूफ़
आतिश-ए-वक़्त[4] के शोलों को हवा देते हैं

आज फिर एक हसीना के लब-ए-ख़ंदा[5] ने
मोनालिज़ा के तबस्सुम[6] को भी शर्माया है
सत्ह-ए-ख़्वाहिश पे दिखा कर मुझे फिर आस की छब
चंद रोज़ और मुझे जीने पे उकसाया है

उसके माथे पे दमकता हुआ सूरज ऐसे
तेरी भूली हुई सूरत का पता देता है
जैसे आशिक़ को, जुदाई में चमकता हुआ चाँद
अपने महबूब की तसवीर दिखा देता है

जम गए थे जो कभी आज वो ग़म फिर पिघले,
ले गई सर्द तमन्ना को हरारत फिर से

---

1. वियोग की नब्ज़ 2. कपोलों की लाली 3. चिंगारियाँ 4. समय की आग 5. मुस्कुराते हुए होंठ 6. मुस्कुराहट

और मय-ए-ज़ीस्त[1] की तल्ख़ी में, घड़ी भर के लिए
घुल गई शहद से होंटों की हलावत[2] फिर से

यूँ मेरा ज़ह्न तेरे जिस्म की मौजों में घिरा
जैसे तूफ़ान की ज़द में हो समंदर कोई
और, गिर्दाब-ए-हवादिस[3] से अचानक बचकर
मेरी ख़ुशबख़्ती[4] ने जीता हो स्वयंवर कोई!

दूर की सदाएँ

वक़्त इक समंदर है!
ज़ीस्त[5] के सफ़ीने[6] में
साअतों[7] की लहरों पर
मेरा जिस्म बहता है,
रंज के निहंगों[8] का
वार-वार सहता है,
हलक़ा-ए-हवादिस[9] में
नफ़रत-ओ-हिक़ारत[10] की
तुंद-ओ-तेज़[11] मौजों का
शोर उठता रहता है!
पर दबा नहीं सकता
उन मधुर सदाओं को
दूर से जो आती हैं,
राहतों के पेड़ों की
नर्म छाँव को छू कर
मुझको जो बुलाती हैं,
रंग और ख़ुशबू के

---

1. जीवन की मदिरा 2. मिठास 3. दुर्घटनाओं का भँवर 4. सौभाग्य 5. जीवन 6. नाव 7. क्षण (बहु.) 8. मगरमच्छ जिसके सौ दाँत होते हैं 9. दुर्घटनाओं का भँवर 10. घृणा और अपमान 11. आवेगपूर्ण

जाँ-फ़िज़ा जज़ीरों[1] में
चाहतें, जहाँ मेरा
देवियों की सूरत में
इंतिज़ार करती हैं!

गोपी

श्याम की इक तान पर,
आती थीं कितनी गोपियाँ

आज कितने राग अलापे श्याम ने
राग,
जिनमें धड़कनों के साज़ पर
ख़्वाहिशों का रक़्स है
राग, जो हैं ज़िंदगी
राग,
जिनमें चाँदनी रातों का हुस्न,
सुरमई शामों के मंज़र,
चंपई सुब्हों का अक्स
राग, जो हैं रौशनी
राग,
जिनमें आँच देती मौसमों की आब-ओ-ताब
राग, जिनमें सावनों का इज़्तिराब,[2]
और धनक के रंग हैं!

राग,
जिनमें लाला-ओ-गुल[3] की महक,
और कलियों की चटक
राग, जिनमें शाख़सारों की लचक और लोच है
राग, जिनमें सौज़ है
राग

1. रमणीक टापू 2. व्याकुलता 3. फूलों

जिनमें मधभरे नैनों की मस्ती,
रस-भरे होंटों की बास
अंबरी ज़ुल्फ़ों की ख़ुशबू,
सेब से गालों का रंग!

राग,
जिनमें संदली बाँहों, हिनाई उँगलियों का
ग़ैर-फ़ानी[1] लम्स[2] है
आज कितने राग अलापे श्याम ने
आरज़ू के सुर, मगर
हसरतों की ताल बन कर रह गए!

शह्-ए-संग

दर्द जब हद से गुज़रता है तो आता है ख़याल
कि हसीनों की ख़ुदाई से बग़ावत कर दूँ
न किसी पैकर-ए-शादाब[3] की ख़ुशबू ढूँढूँ,
न किसी हुस्न-ए-सहरताब[4] से किरनें माँगूँ
न किसी होंट पे धोका हो लब-ए-ईसा का,
न कोई आँख मय-ए-ज़ीस्त[5] का पैमाना लगे
किसी गेसू पे घटाओं का गुमाँ हो न कभी,
मह[6] की मानिंद मुझे कोई भी चेहरा न लगे
सनम-आबाद[7] को जन्नत से न मंसूब[8] करूँ,
हुस्न हर चंद हक़ीक़त सही, अफ़साना लगे
अपना ही खोज लगाते हुए खो जाऊँ कहीं,
अपनी ही ज़ात मुझे जलवा-ए-जानाना लगे!

लेकिन अफ़सोस ये एहसास का मारा हुआ दिल,
पत्थरों पर इसे फूलों का गुमाँ होता है!

---

1. अनश्वर 2. स्पर्श 3. हरा-भरा शरीर 4. चमकते सूरज-सा सौन्दर्य 5. ज़िंदगी की शराब
6. चाँद 7. जहाँ प्रेमिका रहती हो 8. संबंधित

रेगज़ारों[1] में चमन-ज़ार नज़र आते हैं,
रसन-ओ-दार[2] पे झूलों का गुमाँ होता है!

सराब[3]

ख़ुश्क होंटों को चाहिए पानी
मैं मुसाफ़िर हूँ तपते सहरा का
सर पे सूरज है, पाँव में शोले
और बगूलों का रक़्स जारी है
ज़ीस्त[4] ज़ख़्मी है, आरज़ू बोझल
ग़म पे जज़्बे का सहर[5] तारी है
रेगज़ारों में ढूँडता हूँ मैं
पेड़ की छाँव, सब्ज़ा-ए-साहिल!
कौन समझाए शौक़-ए-नादाँ को
इक मुसलसल फ़रेब[6] है मंज़िल!
मेरी नज़रों की ज़द में है गरचे
मेरे ख़्वाबों का रेशमी साया
लेकिन उतनी ही दूर है अब भी
जितनी दूरी पे अब से पहले था

आग़ाज़[7]

मैंने महसूस किया है कि मेरे मिलने पर,
तेरी आँखों में सितारे से चमक उठते हैं
फूट पड़ती है शफ़क़[8] तेरे हसीं गालों पर,
तेरी पेशानी पे मोती से दमक उठते हैं

यक-ब-यक घूरने लगते हैं तेरे नैन मुझे,
दफ़अतन[9] हँसती निगाहों का सलाम आता है

---

1. रेगिस्तान (बहु.) 2. फांसी 3. मृग-तृष्णा 4. जीवन 5. जादू 6. धोखा 7. प्रारम्भ 8. लाली 9. सहसा

जब भी मिलता हूँ तुझे सोच में खो जाता हूँ,
सोच बढ़ता है तो बढ़ता ही चला जाता है

मैं इसी सोच में जब दूर निकल जाता हूँ,
दिल में ज़ख़्मों का चमन-ज़ार महक उठता है
तेरे रंगीन तबस्सुम की शरारत की क़सम,
मेरे ख़्वाबों का समन-ज़ार[1] महक उठता है

तेरे बेबाक तकल्लुम[2] से ये झड़ते हुए फूल
दिल में गुलज़ार खिलाते ही चले जाते हैं
और तेरी मस्त निगाहों के जुनूँ-ख़ेज़[3] पयाम[4]
मुझे दीवाना बनाते ही चले जाते हैं

कब तलक सोच के ऐवान[5] सजाए रक्खूँ
कब तलक राज़-ए-मुहब्बत को छुपाए रक्खूँ?
'मैं तुझे चाहता हूँ'—क्यों न ये तुझ से कह दूँ?
कल जिसे टूटना है आज वो टूटे अफ़सूँ[6]

1

ज़मीं बारिशों को तरस जाएगी
घटा पानियों पर बरस जाएगी

फ़सीलों पे लिक्खी इबारत समझ
कोई दिन में बस्ती झुलस जाएगी

मकानों से आएगी चुप की सदा
मकीनों[7] पे दहशत बरस जाएगी

मैं सदियों से लम्हों के ज़िंदाँ में हूँ
कहाँ तक तुम्हारी हवस जाएगी

1. चमेली का बाग़ 2. वार्तालाप 3. उन्माद पैदा करने वाला 4. संदेश 5. भवन 6. मायाकर्म
7. निवासी (बहु.)

जो भर जाएँगे नफ़रतों से मकाँ
मुहब्बत मज़ारों में बस जाएगी

मेरे दिल में ख़्वाहिश जो इमसाल[1] है
ये मेहमान अगले बरस जाएगी

समय की हसीना को अपना न जान
ये नागिन है नादान, डस जाएगी

घनी छाँव में किसको एहसास था
कि आँख एक छब को तरस जाएगी

गई रुत भी 'शाहिद' कभी आई है!
यूँ ही रायगाँ[2] पेश-ओ-पस[3] जाएगी

2

बाहर तो कर रहा हूँ मैं आराइशें[4] बहुत
अंदर हैं पर मकान के आलाइशें[5] बहुत

तू है कि तेरे साथ हैं आसाइशें[6] बहुत
मैं हूँ कि मेरे साथ मरीं ख़्वाहिशें बहुत

नक़्श-ओ-निगार क्या यहाँ दीवार-ओ-दर नहीं
शायद कि इस मकाँ पे रहीं बारिशें बहुत

हम थे कि अपनी ज़ात के जंगल में गुम रहे
थीं अर्सा-ए-हयात[7] में गुंजाइशें बहुत

अपना वुजूद राह का पत्थर समझ के मैं
अपने ख़िलाफ़ करता रहा साज़िशें बहुत

---

1. इस साल 2. व्यर्थ, निष्फल 3. असमंजस 4. सजावट (बहु.) 5. गंदगी (बहु.) 6. सुख (बहु.) 7. जीवन काल

कुछ घर चमक उठे तो कई घर झुलस गए
रुसवा[1] हैं आफ़ताब,[2] तेरी ताबिशें[3] बहुत!

हर लम्हा इक नशात है ज़ाहिर का मेल-जोल
गहरे हों रस्म-ओ-राह तो फिर रंजिशें[4] बहुत

अपना भी ले तू गाँव की सादा सी ज़िंदगी
'शाहिद', अबस[5] हैं शह्र में ज़ेबाइशें[6] बहुत!

3

जिन दिनों लफ़्ज़ों में अक्स-ए-सुर्ख़ी-ए-रुख़सार[7] था
मेरी तख़लीक़ात[8] का हर नक़्श इक शहकार[9] था

दिल—तुझे पा कर भी तेरी जुस्तजू करता रहा
तेरे दीवाने को जाने तुझसे कैसा प्यार था

क्यों समझता ख़ुद को तन्हा ज़िंदगी के दश्त में
आप ही मैं कारवाँ था आप ही सालार[10] था

जज़्बा-ओ-एहसास[11] मेरे हमसफ़र थे, दोस्तो!
ज़िंदगी का रास्ता कैसे कहूँ दुश्वार था

कैसे मैं बाहर निकलता अब के मेला देखने
मेरे अंदर जब लगा इक दर्द का त्यौहार था

किस जगह, किस दौर में यूसुफ़[12] नहीं बिकते रहे?
मिस्र के बाज़ार से कम कौन-सा बाज़ार था

---

1. बदनाम 2. सूरज 3. गर्मी (बहु.) 4. नाराज़ी (बहु.) 5. व्यर्थ 6. सजावट 7. कपोलों की लाली का प्रतिबिंब 8. रचनाओं 9. सर्वोत्तम कृति 10. सरदार 11. भावना और संवेदन 12. यूसुफ़ के पिता और हज़रत इब्राहीम के पोते याक़ूब को पैग़ंबर का दर्जा दिया जाता है। याक़ूब, सीरिया (पुराना नाम : शाम) देश के गाँव कनआन में रहते थे। उनकी दो बीवियाँ थीं। एक से उन्हें दस और दूसरी से दो बेटे हुए। इन दो में से छोटे का नाम यूसुफ़ था।

यूँ तो दीवारें बहुत थीं शह्र में शाहिद, मगर
सर पे यूँ सूरज था, अनक़ा[1] साया-ए-दीवार था

4

पढ़ने को फिर मिला न किसी भी किताब में
लिक्खा हुआ था जो तेरी आँखों के बाब में

चेहरे पे हमने मतला-ए-अव्वल[2] तो पढ़ लिया
बाक़ी ग़ज़ल छपी थी बदन की किताब में

यूँ तो मैं वो सबक़ था जो अज़बर[3] रहा उसे
शामिल न हो सका मगर उसके निसाब[4] में

देखो कुरेद कर कभी दिल के खंडर की राख
आसार बस्तियों के हैं शह्र-ए-ख़राब में

शोले बरस रहे हैं पिघलता नहीं बदन
तुम छोड़कर गए हो मुझे किस अज़ाब में!

थे आग की लपेट में दीवार-ओ-दर तमाम
भड़का कुछ और शोला-ए-तामीर,[5] ख़्वाब में

ईसाई मिथकों में यूसुफ़ से मिलते-जुलते नाम जोज़फ़ का प्रयोग हुआ है। यूसुफ़ बहुत ख़ूबसूरत थे। दूर-दूर तक उनके रूप की चर्चा से बाक़ी सौतेले भाई बहुत जलते थे। ईर्ष्या के मारे इन सौतेले भाइयों ने यूसुफ़ को एक अंधे कुएँ में फेंक दिया। घर आकर झूठा अफ़सोस करते हुए अफ़वाह फैला दी कि एक भेड़िया यूसुफ़ को उठा ले गया है। लेकिन विधि को कुछ और ही मंजूर था। सौदागरों का एक कारवाँ कुएँ के पास से निकला। हजरत यूसुफ़ की आवाज़ सुनाई दी तो उन्हें बाहर निकाल, गुलाम बनाकर मिस्र ले जाया गया। वहाँ जिस बाज़ार में यूसुफ़ को बेचने के लिए खड़ा किया गया उसे उर्दू कविता में बाज़ार-ए-मिस्र कहते हैं। यसुफ़ का रूप देखकर मिस्र के सबसे आला अफ़सर अज़ीज़-ए-मिस्र फ़ोतीफ़ार ने उन्हें बतौर गुलाम ख़रीद लिया। 1. एक पक्षी जो सिर्फ़ साहित्य में प्रसिद्ध है, जिसका अस्तित्व केवल कल्पना में है। सो इसे न कोई देख सकता है, न पा सकता है। अनक़ा की उपमा उसी चीज़ के लिए दी जाती है जो कभी हासिल नहीं की जा सकती। 2. पहला मतला (ग़ज़ल के पहले शेर को मतला कहते हैं) 3. कंठस्थ 4. पाठ्यक्रम 5. निर्माण की अग्नि

हर सम्त रौनक़ों के समंदर के बावजूद,
निकले जो शह्र में तो घिरे हम सराब में

5

जलती हुई ज़मीं की निगाहें तरस गईं
जा कर समंदरों पे घटाएँ बरस गईं

ठहरे न पग हवाओं के तपती ज़मीन पर
शबनम-सिफ़त[1] जो आईं तो शोला-नफ़स[2] गईं

शादाब वादियाँ थीं जहाँ अब वहाँ हैं दश्त
सरसर[3] की नागिनें घने पेड़ों को डस गईं

फैला हुआ है प्यास का सहरा निगाह में
अमृत-भरी घटाओं को आँखें तरस गईं

ख़ाली है अब मकान कि ख़्वाहिश की सूरतें
अगली मुहब्बतों के मज़ारों में बस गईं

दिलकश बहुत थी आग, थी जब तक पड़ौस में
फैली जो अपने घर में, उम्मीदें झुलस गईं

शाहिद, उन्हीं में थी वो जिसे चाहता हूँ मैं
मुझ पर जो लड़कियाँ सर-ए-बाज़ार हँस गईं

6

गहरे समंदरों की तहों से उठा करूँ
हूँ सैल[4], साहिलों पे जवाहर बखेर दूँ

---

1. ओस के समान 2. साँसों में आग लिये 3. हवा के झक्कड़ 4. सैलाब, बाढ़

तूफ़ान अनगिनत रहे बह्र-ए-हयात[1] में
तहलील[2] पानियों में हुआ जिस्म का सुतूँ[3]

इक दिन बरस के अब्र ये क़दग़न[4] लगा गया
अपने बदन की आग में हर शब जला करूँ

ख़ामोशियों का शोर बहुत आस-पास है
जो आ रही है दूर से आवाज़ क्या सुनूँ

पहली नज़र पड़े तो बरह्ना[5] लगे बदन
मिलता है तेरी जिल्द[6] से रंग-ए-लिबास यूँ

बिखरी पड़ी हैं शह्र में शक्लें हज़ारहा
क़ौसों,[7] ख़तों[8] को, दायरों को देखता फिरूँ

शाहिद, कोई सदा तुझे पत्थर बना न दे
शह्र-ए-तिलिस्म है, यहाँ मुड़ कर न देख यूँ

7

काम-क्रोध से नावाकिफ़ है, सुधबुध से बेगाना भी
वर्ना शाहिद शैदाई को, कौन कहे दीवाना भी

सुंदर नारी, अपनी सुंदरता पर क्यों इठलाती हो?
आज खिला जो गुंचा[9] है, कल को है इसे कुमलाना[10] भी

हमने तो बेगानों को भी अपने पास बिठाया है
उनकी सभा में जाइज़[11] होगा अपनों को ठुकराना भी

---

1. जीवन का समुद्र 2. घुलना 3. स्तम्भ 4. प्रतिबन्ध 5. नग्न 6. त्वचा 7. धनुषाकार (बहु.) 8. रेखा (बहु.) 9. कली 10. मुरझाना 11. उचित

तुमरे ध्यान की बंसी पकड़े कब से राग अलापे है
गोपी, श्याम की मीठी तानें आ के ज़रा सुन जाना भी

इक घर को दो नाम दिये हैं यूँ ही दुनिया वालों ने
सुंदरता का रैन-बसेरा काबा भी बुतख़ाना भी

8

ज़ह्न-ए-आदमीयत पर मसलहत[1] के पहरे हैं
लोग जितने मुख़्लिस[2] हैं ज़ख़्म उतने गहरे हैं!

फूल हैं यहाँ काँटे, जिस्म हैं यहाँ पत्थर
किस जहाँ के वासी थे, किस नगर में ठहरे हैं!

ज़िन्दगी का दरवाज़ा खटखटा के देखा है
इस मकान के मालिक मर चुके या बहरे हैं

मुजरिम-ए-मुहब्बत है शेर की अदालत में
सोच के सलासिल[3] हैं, दर्द के कटहरे हैं

किस के तन की रंगीनी मौज-ज़न[4] है सीने में
आँख भी गुलाबी है अश्क भी सुनहरे हैं!

भीगती हवाओं के दोश[5] पर चले आओ!
घास के समंदर पर सब्ज़-सब्ज़ लहरें हैं

कैसे मैं अदब की हद फांद कर पियूँ 'शाहिद'!
रस भरी उन आँखों पर जब हया के पहरे हैं

1. हित 2. स्नेही 3. ज़ंजीरें 4. तरंगित 5. कंधा

9

आँख से जो-जो मंज़र देखे, क़ैद किए तहरीरों[1] में
हमने क्या-क्या रंग भरे हैं लफ़्ज़ों की तसवीरों में

देखूँ तो इक फूल सजा है मेरे कोट के कालर पर
सोचूँ तो हूँ बँधा हुआ ख़ुशफ़हमी की ज़ंजीरों में

जिंस[2] वो भट्टी जिसमें जिस्म का ईंधन जलता रहता है
मोम दिलों को पत्थर रखना लिक्खा है तक़दीरों में

मुनइम[3] देख रहा है रुत को यूँ ललचाई नज़रों से
बस में हो तो शामिल कर ले इसको भी जागीरों में

उनकी लग़्ज़िश[4]-लग़्ज़िश शाहिद, बाज़ारों की रौनक़ है!
लेकिन अपना पग-पग जकड़ा-जकड़ा है ताज़ीरों[5] में

10

आँखों में है पर आँख ने देखा नहीं अभी
वो बुत जिसे कि मैंने तराशा नहीं अभी

लफ़्ज़ों के पत्थरों में सनम बेशुमार हैं
मेरे ही पास सोच का तेशा नहीं अभी

सदियों से नक़्श है जो तसव्वुर पे शाहकार[6]
काग़ज़ पे उसका अक्स उतारा नहीं अभी

बरसों से मेरे सर पे है टुकड़ा इक अब्र का
जल-बुझ चुका है जिस्म, वो बरसा नहीं अभी

---

1. लेख्य (बहु.) 2. काम 3. समृद्ध 4. फिसलन, लड़खड़ाना 5. सज़ा (बहु.) 6. सर्वोत्तम कृति

जीने से भर चुका है दिल-ए-ज़ार,[1] क्या करूँ!
मरने की आरज़ू-ओ-तमन्ना नहीं अभी

मानिंद-ए-मुल्क-ए-रोम[2] लुटी घर की सल्तनत
यारो, ये सानिहा मुझे भूला नहीं अभी!

शाहिद, निगारख़ाना-ए-सदरंग[3] है जहाँ[4]
फिर भी तो नक़्श आँख से उतरा नहीं अभी!

11

सोने की मिसाल आग है, चाँदी-सा धुआँ है
क्या ख़ूब मेरे घर की तबाही का समाँ है!

देखूँ तो मेरे ग़म में शरीक[5] एक ज़माना
सोचूँ तो यहाँ कोई मकीं[6] है न मकाँ है

किस दर्जा तिलिस्मी है मेरे गाँव का मंज़र[7]!
सूखे हुए हर खेत पे सब्ज़े[8] का गुमाँ है

ऐसा भी कोई शह्र-ए-तमन्ना[9] है ज़मीं पर?
लुटने का जहाँ खौफ़ न अंदेशा-ए-जाँ[10] है

पीतल का ख़रीदार समझते हैं मुझे लोग।
हर शख़्स की बाज़ार में चाँदी की दुकाँ है

आरी[11] है मगर ज़ख़्म से हर साया-ए-दीवार
हरचंद कि दीवार पे बारिश का निशाँ है

---

1. दुखी मन 2. रोम की सल्तनत की तरह 3. सैकड़ों रंगों का चित्रालय 4. संसार 5. भागी 6. निवासी 7. दृश्य 8. हरियाली 9. अभिलाषा का शह्र 10. जान को ख़तरा 11. वंचित

पत्थर के किसी शह्र में आबाद है शाहिद
है मोम का इनसान तो शीशे का मकाँ है

12

इफ़रीत-ए-ख़ौफ़[10] रक़्स दिखाते रहे मुझे
शब भर मुहीब[11] साये डराते रहे मुझे

मैं वो दिया कि जलता रहा शब के आर-पार
हरचंद गर्दबाद[1] बुझाते रहे मुझे

अब सोच में हूँ गुम कि वो थे कौन-से ख़याल
सड़कों पे उम्र-भर जो घुमाते रहे मुझे

उस पार जो गया है वो पलटा नहीं कभी
क़िस्से अजीब, लोग सुनाते रहे मुझे

अल्फ़ाज़-ए-तल्ख़ को लब-ए-शीरी में घोलकर
हँस-हँस के लोग ज़ह्र पिलाते रहे मुझे

हम दोनों खेलते रहे ये खेल मुद्दतों
मैं उनको और वो आग लगाते रहे मुझे

हर शाम रास्तों में धनक-रंग पैरहन
'शाहिद', किसी की याद दिलाते रहे मुझे!

13

पहना लिबास ने है इक-इक अंग देखना!
जिस्म-ए-हसीं पे पैरहन-ए-तंग[2] देखना!

---

1. भय के राक्षस 2. डरावने 3. आँधी 4. चुस्त कपड़े

नद्दी चढ़ी कि गाँव की गोरी जवाँ हुई
पानी में घुल गए हैं कई रंग देखना!

परबत की शाम, डूबता सूरज, शफ़क़ का रंग
सोना उगल रही है रग-ए-संग[3] देखना!

जाती रुतों की सूरत-ए-अरज़ंग[4] भूलकर
आते समय का पैकर-ए-सदरंग[5] देखना!

आहट सुनो हवाओं की, दहलीज़-ए-शाम पर
चुप की फ़ज़ाओं में भी है आहंग[1] देखना!

दिलचस्प इस क़दर तेरे चेहरे की है किताब
भूला हुआ हूँ दह्र की फ़रहंग[2] देखना

14

बस्ती में कौन आ गया जंगल को छोड़कर
पीछे लगे हुए हैं सग-ओ-संग[3] देखना!

ज़माना चाल चल गया, नगर बिखर-बिखर गए
कोई सबील[4] फिर जुड़े जो घर बिखर-बिखर गए

ये ख़ैर माँगिये कि आँख से मेरे न सादगी
कि गाँव-गाँव शह्र के हैं शर[5] बिखर-बिखर गए

अभी-अभी तो सहन-ए-गुल[6] में पंछियों की छाँव थी
अभी-अभी ये क्या हुआ कि पर बिखर-बिखर गए

---

1. पत्थर की रग 2. अरजंग की तरह ईरान का एक प्रसिद्ध चित्रकार मानी जिसका पूरा नाम मानी अरजंग था, और जो मुँहबोलते चित्र बनाता था 3. सौ रंग की आकृति 4. गान 5. काल का शब्दकोश 6. कुत्ते और पत्थर 7. उपाय 8. बुराई 9. फलों भरा आँगन

उलझ-उलझ के रह गए कशाकश[7]-ए-जहाँ[8] में यूँ
कि शाम मुजतमा[9] हुए, सहर[10] बिखर-बिखर गए

बस एक बार टूटना था शीशा-ए-बदन का फिर
हज़ार किर्चियाँ चुनीं मगर बिखर-बिखर गए

15

ध्यान क्या-क्या उड़े बेतकाँ रात-भर
ज़ेर-ए-पर[11] थे ज़मीं-आसमाँ रात-भर

नींद क्योंकर रहे मेहमाँ आँख में
उलझनें जब रहीं मेहरबाँ रात-भर

दिन को फिर लौटने की मुझे फ़िक्र है
क्यों न चुनता रहूँ किर्चियाँ रात-भर

जिस्म जैसे झुलसती हुई शाख़ थी
दिल से उठता रहा इक धुआँ रात-भर

अब्र ख़ाली अज़ाब[1] और ज़मीं पुर-तपिश[2]
जान जलती रही दरमियाँ रात-भर

जैसे नाज़ुक नहीं चाँदनी का बदन
यूँ चलाए हवा आरियाँ रात-भर

कौन सैलाब ढा जाए शाहिद इसे
हम उसारा[3] किए इक मकाँ रात-भर

---

1. संघर्ष 2. संसार 3. इकट्ठा 4. सुबह 5. पर के नीचे 6. यातना 7. जलती हुई 8. उसारना : मकान या दीवार खड़ी करना

16

धरती का शोला-शोला मेरे जिस्म-ओ-जाँ में था
हर चन्द मेरे ध्यान का घर आसमाँ में था

सीधी-सी इक लकीर बज़ाहिर[1] थी ज़िंदगी
सोचा तो मैं घिरा हुआ इक चीस्ताँ[2] में था

निकला था मैं भी जिंस-ए-गिराँमाया[3] ढूँडने
तू भी सजा हुआ किसी ऊँची दुकाँ में था

ना-मेह्रबाँ भी था वो यक़ीनन कभी-कभी
क्या जाने क्या ग़ुरूर मेरे मेह्रबाँ में था

उतरी नदी में नार जब अश्नान[4] के लिए
शोलों का रक़्स[5] दूर तक आब-ए-रवाँ[6] में था

दीवार-ओ-दर में अब भी है उसके बदन की बास
किन गुलशनों का रंग मेरे मेहमाँ में था?

क्योंकर मुझे न मौसम-ए-गुल[7] की तलब[8] रही
शाहिद मैं एक उम्र से क़ैद-ए-ख़िज़ाँ[9] में था

अशआर

कितना ख़स्ता है मेरी ज़ीस्त का दफ़्तर 'शाहिद'
बार-ए-तहरीर[10] से औराक़[11] फटे जाते हैं

---

1. देखने में 2. पहेली 3. बहुमूल्य चीज़ 4. स्नान 5. नृत्य 6. बहता हुआ पानी 7. वसंत ऋतु 8. चाह, इच्छा 9. पतझड़ की क़ैद 10. लिखने के बोझ से 11. पन्ने

तज़ईन-ए-गुलिस्ताँ[1] की लगन में हर एक गुल
लिपटा हुआ मिला है कफ़न में हर एक गुल

हो गई ख़ुद ही समंदर में ये मिट्टी तहलील[2]
वर्ना मुझको न मेरा जिस्म रिहाई देता

हम आपके दस्तूर[3] में तरमीम[4] करेंगे
हक़[5] बात कही जिसने, वो सूली पे चढ़ा है

काश कभी ऐसे भी उतरूँ ध्यान के गहरे सागर में!
लफ़्ज़ों के सब हीर-ए-मोती चुन-चुनकर ले आऊँ मैं

मिरा मज़हब न मुझसे पूछ शाहिद!
मैं इनसानों में शामिल हो गया हूँ

---

1. बाग़ की सज्जा 2. घुलना 3. विधान 4. संशोधन 5. सच

सईद क़ैस

पूरा नाम : मुहम्मद सईद। इनका जन्म 28 मई, 1927 का लाहौर में हुआ।

शिक्षा : एफ.ए. तक लाहौर में पढ़े। फिर कॉलेज छोड़ना पड़ा। लेकिन सिर्फ़ कॉलेज छूटा, पढ़ना-लिखना नहीं छोड़ा। "हुसूल-ए-इल्म[1] मेरा शग़ल-ए-महबूब[2] हर दौर में रहा। अब मआश[3] के सिलसिले में बहरैन में हैं। मुझे जिस क़दर वक़्त मिलता है मुख़्तलिफ़ मौज़ूआत पर हर तरह की किताबें पढ़ता हूँ। शायरी के फ़न में मैं अच्छे शेर को हमेशा अच्छा ही ख़याल करता हूँ। मैं यही देखता हूँ कि क्या कहा गया है, ये नहीं कि कहने वाला कौन है।"

1950 से पत्र-पत्रिकाओं में छपते रहे।

ग़ज़लों का संग्रह 'हिज्र के मौसम' 1980 में प्रकाशित हुआ।

वर्ष 2018 में इनका निधन हो गया।

---

1. ज्ञान हासिल करना 2. प्रिय काम 3. रोज़गार

1

कल शब हमने चाँद को देखा यूँ लगता था बादल में
रेशम का पैवंद लगा हो जैसे काली मख़मल में

बरसों की ख़ामोशी उसके चेहरे पर आवेज़ाँ[1] थी
बोल रहे थे सदियों के सन्नाटे उसके काजल में

मैं हर मौसम में अश्कों के हार पिरोता रहता हूँ
डाल दिये हैं मोती उसने इन आँखों की छागल[2] में

अब जाकर ये राज़ खुला वो मिट्टी से कम क़ीमत था
सोने की ख़ुशबू आई थी यारो मुझको पीतल में

इक-इक बात जलाए उसकी तनकी गीली लकड़ी को
सोचों के अंबार लगे हैं मेरे दिल के जंगल में

वो भी समझा तारों ही से सारे नूर के मेले हैं
मेरे ग़म की छाप लगी थी जिसके नीले आँचल में

तन की बात समझने वाला मन के रोग को क्या जाने
दुख के कितने गीत छुपे थे उस चाँदी की पायल में

---

1. लटकी हुई 2. पानी रखने के लिए चमड़े की छोटी मशक

आज वो मेरी ख़ातिर फिर रोएगा नए बहानों से
मैंने वो आँखें देखी हैं फिर सावन के बादल में

इक काँटे का ज़हर बदन में यूँ सुरअत[1] से फैला क़ैस
सारा जिस्म फँसा है मेरा आज लहू की दलदल में

2

याद कर लेता हूँ उलफ़त के फ़साने कितने
मुझको मिल जाते हैं रोने के बहाने कितने

उम्र उसने भी उम्मीदों में गँवाई सारी
रंज हमने भी उठाए हैं न जाने कितने

वस्ल की रुत भी गई हिज्र के मौसम भी गए
हमने इस उम्र में देखे हैं ज़माने कितने

दिल सा ख़ुश-फ़हम[2] भला और कोई क्या होगा
तुझसे मिलने के बनाता है बहाने कितने

नज़अ[3] के वक़्त मुझे आग लगा दे कोई
लोग आएँगे मेरा बोझ उठाने कितने

ज़िंदगी भर मुझे मायूस न होना आया
हौसले मुझको दिये मेरे ख़ुदा ने कितने

जब भी देखा किसी दीवार का साया ऐ 'क़ैस'
याद आए मुझे गुरबत[4] में ठिकाने कितने

1. तेज़ी 2. किसी की ओर से अच्छा विचार रखने वाला 3. प्राणों का अंत 4. परदेस

3

वो मिल गया मुझे रस्ते में हादिसे की तरह
मैं उसको देख के जलता रहा दिये की तरह

मेरे ख़मीर[1] की मिट्टी में ख़िफ़्फ़तें[2] हैं बहुत
मैं टूटता नहीं यारों के हौसले की तरह

उजड़ गया हूँ मैं क़दमों की आहटों के बग़ैर
उदास शह्र के सुनसान रास्ते की तरह

वो अपनी ज़ात को जब चाहे देख ले मुझमें
मैं उसके सामने रक्खा हूँ आईने की तरह

जो मेरे काम न आईं उन्हीं दुआओं की तरह
मिरे लबों पे कई ज़ख़्म हैं गिले की तरह

फ़ना[3] का ख़ौफ़ है मुझको, न कुछ बक़ा[4] से ग़रज़[5]
मेरा वुजूद ज़मीं पर है सिलसिले की तरह

बला के रंज हों या 'क़ैस' इम्तिहाँ की ख़ुशी
हदों में अपनी रहता हूँ दायरे की तरह

4

कभी-कभी तो सितारा-शनास[6] लगता हूँ
मैं ग़म पहन के बड़ा ख़ुश-लिबास लगता हूँ

मेरे लहू की ये तल्ख़ी भी कुछ अजब शय है
मैं दोस्तों को सरापा मिठास लगता हूँ

---

1. अंतर्वेग 2. कमी (बहु.), संकोच (बहु.) 3. मृत्यु 4. जीवन 5. संबंध 6. ज्योतिषी, ग्रहों को पहचानने वाला

मेरे वुजूद में हैं ग़ार[1] मेरी सोचों के
मैं अपनी रूह का कोई हिरास[2] लगता हूँ

वो गुलिस्ताँ में है इक मीठे पानियों की नदी
मैं रेत के किसी टीले की प्यास लगता हूँ

ये दूरियाँ तो फ़क़त रास्तों की हैं, ऐ दोस्त
वगर्ना मैं तो तेरे आस-पास लगता हूँ

रह-ए-वफ़ा में मेरे नक़्श-ए-पा सलामत हैं
मैं माज़ियों[3] के सफ़र का क़यास[4] लगता हूँ

लहू-लहू मेरी सोचें हैं, ज़ख़्म-ज़ख़्म ख़याल
मैं तेरे हुस्न-ए-बदन का लिबास लगता हूँ

5

बिछड़ गया है तो अब मुझको ढूँडता होगा
घड़ी-घड़ी वो दरीचों से झाँकता होगा

वो जिसने ओढ़ लिये हैं ज़रूरतों के लिबास
कभी-कभी मेरे बारे में सोचता होगा

तेरे बग़ैर तो गलियाँ उजड़ गई होंगी
तमाम शह्र का नक़्शा बदल गया होगा

चमन में जा कि तुझे राज़-ए-इश्क़ हो मालूम
मुझे यक़ीन है पत्तों पे कुछ लिखा होगा

1. गुफा 2. भय 3. अतीत (बहु.) 4. विचार, अन्दाज़ा

दिये जला के सर-ए-शाम ही से बैठा हूँ
जो तुम न आए तो इस रौशनी का क्या होगा

मैं उस तरफ़ बड़ी मुद्दत हुई गया ही नहीं
तुम्हारे बाद तो घर ही उजड़ गया होगा

मैं डर गया था रिवाजों की बादशाहत से
मुझे ख़बर है तुम्हें मुझसे क्या गिला होगा

बहुत दिनों से मुअत्तर[1] सा हो गया हूँ 'क़ैस'
वो टूटकर कहीं मुझमें बिखर गया होगा

6

मुहब्बतों का वो छोटा सा सिलसिला ही गया
वो अजनबी था मेरे शह्र से चला ही गया

ज़रा सी देर को उसका ख़याल आया तो
वो रौशनी की तरह मुझमें फैलता ही गया

जो प्यास बन के मेरे ज़ह्न में रहा बरसों
वो शख़्स ख़ुद मुझे दरियाओं से मिला ही गया

वो संग-संग[2] था शीशे की आदतों वाला
मेरे क़रीब से गुज़रा तो टूटता ही गया

मैं जब भी 'क़ैस' सफ़र के लिए रवाना हुआ
वो दूर तक मुझे रस्ते में देखता ही गया

---

1. सुगंधित 2. पत्थर जैसा

7

हर लहज़ा तेरे पाँव की आहट सुनाई दे
तू लाख सामने न हो फिर भी दिखाई दे

आ इस हयात-ए-दर्द[1] को मिलकर गुज़ार दें
या इस तरह बिछड़ कि ज़माना दुहाई दे

तेरा ख़याल ही मुझे आया न हो कहीं
इक रौशनी सी आँख से दिल तक दिखाई दे

मिलने की तुझसे फिर न तमन्ना करे ये दिल
इतने ख़ुलूस[2] से मुझे दाग़-ए-जुदाई[3] दे

देखें तो 'क़ैस' लौ भी दिये की लगे है सर्द[4]
सोचें तो गुल की शाख़ भी जलती दिखाई दे

8

ज़ख़्म थे आँखों में पर रोए नहीं
दर्द से हम रात भर सोए नहीं

धूप ही उसका मुक़द्दर बन गई
बीज जिसने साये के बोए नहीं

दिल की दौलत की ज़रूरत थी बहुत
दाग़ हमने इसलिए धोए नहीं

ग़म ने दिल को ऐसे पत्थर कर दिया
छिन गया वो भी तो हम रोए नहीं

---

1. दुख का जीवन 2. स्नेह 3. विरह का दुख 4. ठंडी

'क़ैस' वो तारा सहर देखेगा क्या
बोझ जिसने शाम के ढोए नहीं

9

यारो जब वो तन्हा होगा
मुझको याद तो करता होगा

मैंने आप उजाड़ा है घर
कोई मेरे जैसा होगा

सहरा में क्या लेने जाएँ
ये भी अपने घर सा होगा

हम जी भर के रोए होंगे
वो जब हमसे बिछड़ा होगा

आँख चुरा कर जाने वाला
ये भी कोई अपना होगा

मेरे दामन में कुछ तो है
फूल नहीं तो काँटा होगा

'क़ैस' उनके सीने में शायद
कोई काँच का टुकड़ा होगा

10

ये जो मस्ती सी इक सबा की है
सब शरारत तेरी अदा की है

दिल को उनसे शिकायतें भी हैं
और मुहब्बत भी इंतिहा की है

फिर जलाए हैं आरज़ू के चराग़
फिर तमन्ना मुझे हवा की है

एक दुख हो तो कोई बात नहीं
यहाँ मुश्किल ज़रा-ज़रा[1] की है

'क़ैस' दुनिया है गोश-बर-आवाज़[2]
मुंतज़िर[3] इक तेरी सदा की है

11

बहुत उदास हैं सोचें न जाने क्या चाहूँ
मैं दिन को निकलूँ तो फिर घर न लौटना चाहूँ

तेरे विसाल की लज़्ज़त छुपा-छुपा के फिरूँ
तेरे ख़याल की ख़ुशबू में तैरना चाहूँ

नफ़स-नफ़स[4] से तेरी क़ुर्बतों[5] की आँच आए
तेरे ख़याल को यूँ आज ओढ़ना चाहूँ

वो रेज़ा-रेज़ा[6] बिखरने की कोशिशें अपनी
और अब ये हाल कि तिनके समेटना चाहूँ

कोई हँसे तो मैं रोने की लज़्ज़तें[7] ढूँढूँ
किसी को तैरता देखूँ तो डूबना चाहूँ

---

1. थोड़ा-थोड़ा 2. आवाज़ पर कान लगाए 3. प्रतीक्षक 4. हर साँस 5. सामीप्य (बहु.)
6. कण-कण 7. स्वाद

वो मुझको देखे तो जन्नत के ख़्वाब देखूँ मैं
वो मुझको चाहे तो अंदर से टूटना चाहूँ

अजीब शय है तेरे वस्ल की तमन्ना भी
हर एक फूल को डाली से तोड़ना चाहूँ

क़त्आत

ऐ चमनज़ार में रहने वालो
मेरे दामन में शरारे भर दो
छीन लो मुझसे मेरा ज़ौक़-ए-नज़र[1]
मेरे एहसास को अंधा कर दो

तेरी यादों के क़ाफ़िले दिन-रात
दिल के सहरा से यूँ गुजरते हैं
जैसे कोई अज़ान देता है
जैसे मंदिर में शंख बजते हैं

अजनबी का ख़ुलूस क्या कहिए
दोस्तों का ख़याल आता है
कितना नाज़ुक है दिल का आईना
एक जुंबिश से टूट जाता है

कब से बैठा हूँ पानियों के क़रीब
फिर भी सदियों की प्यास हो जैसे
एक उस शख़्स के न होने से
घर का घर ही उदास हो जैसे

ज़ीस्त[2] को आशना-ए-राज़[3] करो
लग़्ज़िशें[4] हों तो दिल पे नाज़ करो

1. देखने की रुचि 2. जीवन 3. मूल का परिचित 4. फिसलन (बहु.), भूल (बहु.)

नश्शा लाज़िम है ज़िंदगी के लिए
उनकी आँखों से साज़-बाज़[1] करो

बस एक आरज़ू-ए-ना-तमाम[2] है बाक़ी
पलट-पलट के जो दिल को सदाएँ देती है
तुम्हारी याद जब आती है हाथ उठाए हुए
तो जैसे मुझको मुहब्बत दुआएँ देती है

---

1. गठजोड़ 2. अपूर्ण अभिलाषा

सहर अंसारी

नाम : अनवर मक़बूल। इनका जन्म 27 दिसंबर 1939 को औरंगाबाद, आंध्र प्रदेश, रियासत हैदराबाद के एक ख़ज़ांची मक़बूल अहमद चिश्ती और अमीना बेगम के परिवार में हुआ। सहर अंसारी के घर में लंबे नॉवेल और कहानियाँ ऊँचे-ऊँचे बोलकर पढ़ने की परंपरा थी। उनके लड़कपन ने इन्हीं आवाज़ों के साये में चलना सीखा। सहर अंसारी ने पहली नज़्म उस वक़्त लिखी थी जब आज़ाद भारत की सरकार ने हैदराबाद में पुलिस-एक्शन लिया। इसके बाद वो पाकिस्तान आ गए। बी.ए-सी. में फ़िज़िक्स-कैमिस्ट्री पढ़ी लेकिन एम.ए. में साहित्य की तरफ बढ़े। कराची यूनिवर्सिटी से पहला एम.ए. इंग्लिश में किया, दूसरा उर्दू में और तीसरा एम.ए. भाषाशास्त्र में करने के बाद कवि नासिख पर पी-एच.डी. करने के लिए फ़ारसी, हिंदी और प्रांतीय भाषाएँ पढ़ीं। एक साप्ताहिक का सम्पादन किया। 1979-80 में गेटे इंस्टीट्यूट में आधुनिक जर्मन कवियों पर भाषण माला के मुख्य-प्रवक्ता थे। साहित्यिक विषयों पर दो सौ से ज़्यादा पेपर लिखे। कराची यूनिवर्सिटी में उर्दू पढ़ाते रहे।

सहर अंसारी उन लेखकों में से हैं जिनकी तारीफ़ पढ़ने वाले भी करते हैं, और लिखने वाले भी। ये प्रतिष्ठा उन्हें किसी ऊँची सरकारी कुर्सी पर बैठ या किसी बाज़ार में बड़ी दुकान से ख़रीद कर नहीं मिली। उन्होंने इस एतिबार तक पहुँचने के लिए अपने अस्तित्व का कण-कण पिघलाया है। वे मानते हैं कि मनुष्य मूलतः रौशनी का गुंज और ज़िंदगी की सच्ची अलामत है। मगर इसी आदमी ने ज़िंदगी को ऊँच-नीच के छोटे-बड़े टुकड़ों में बाँट दिया है। इस व्यवस्था के बड़े दायरे, छोटे दायरों को लील रहे हैं। चारों तरफ़ एक दहशत का माहौल है जिसमें आदमी का अस्तित्व अपनी जड़ें खो कर महज़ एक परछाईं की तरह भटक रहा है। ये वो भटकाव है जिसमें नींद के तालाब में चेहरों के कँवल खिलते हैं मगर जागती हुई आँखें

उन्हें नहीं देख पातीं। हर ख़्वाब की राह किसी न किसी अंधी गली में जा कर ख़त्म हो जाती है। कविता इसी सहरा में सपनों को बनाए रखने का एक सहारा है।

सहर अंसारी बाबा-ए-उर्दू अब्दुल हक़, जोश मलीहाबादी और मजनूँ गोरखपुरी को अपना उस्ताद मानते हैं। गा कर पढ़ी जाने वाली ग़ज़ल से परहेज़ करते हैं।

कृति : 'नुमूद' (ग़ज़लों और नज़्मों का संग्रह, 1976)

तमन्ना का अज़ाब

मैं किसी ख़्वाब की वादी[1] में नहीं हूँ ज़िंदा
मेरी रग-रग में भी है शहृ-ए-वफ़ा ताबिंदा[2]
(यह अलग बात कि रफ़्ताँ[3] है न अब आइंदा[4])

कोंपलें शाख़-तमन्ना[5] पे सजी देखी हैं
और फिर दर्द की मिट्टी में मिली देखी हैं
चाँद को चाँद समझने की हक़ीक़त जो खुली
रंग-ए-इदराक[6] पे करनी ही पड़ी ताना-ज़नी[7]

यूँ ही ताक़ों में सजाए हुए नाज़ुक गुलदान
निकल आते हैं कभी ख़ार-ए-मुग़ीलाँ[8] की दुकान
ऐसे सदमात को सहने का तरीक़ा क्या है

(ज़िंदगी एक सियासत है सलीक़ा क्या है)
है सराब[9] अस्ल-ए-हक़ीक़त[10] कि हक़ीक़त है सराब
है यही कश्मकश-ए-ज़ह्न, तमन्ना का अज़ाब

मैं जो पत्थर हूँ, हमेशा से नहीं हूँ पत्थर
न मेरी रूह थी पत्थर न मेरा ख़ूँ पत्थर

---

1. घाटी 2. प्रकाशमान 3. भूतकाल 4. भविष्य 5. कामना की डाली 6. बोध की स्थिति
7. व्यंग्य करना 8. बबूल का काँटा 9. मृगतृष्णा 10. यथार्थता का मूल

मैं भी हस्ती था, हरारत था, तवानाई था
दाद-ख़्वाह-ए-ख़िरद-अफ़रोज़ी-ए-बीनाई[1] था
मैं तमाशा ही नहीं ख़ुद भी तमाशाई था

मुझको मालूम हैं इस दौर के हस्सास[2] वुजूद[3]
देखते-देखते बन जाते हैं कैसे पत्थर
किससे कीजे किसी मेयार[4] की, अक़दार[5] की बात
गर्दिश-ए-वक़्त में गुम है मेरी रफ़्तार की बात

बर्ट्रेंड रसल

वो एक अह्द-ए-तग़य्युर, वो इक सदी का ज़मीर
बदन की शक्ल में क़ायम नहीं रहा लेकिन
उदास-उदास, फ़सुर्दा फ़ज़ाओं की सूरत
अब उसकी राख को चेहरों पे मल लीजे
ख़िरद के शह्र में जिससे चली है रस्म-ए-जुनूँ
अब उसकी फ़िक्र से रूहों में रौशनी कीजे

थी उसकी फ़िक्र अँधेरों में आफ़ताब-ए-यक़ीं[6]
वो अपनी ज़ात से इक महशर-ए-बग़ावत था
अदालतों से कब इन्साफ़ की थी उसको उम्मीद
वो मुजरिमान-ए-ज़माना को ख़ुद अदालत था
रक़म हुआ वो कभी परचम-ए-सदाक़त पर
कभी वो अम्न की हैकल[7] में मिस्ल-ए-ऊद[8] जला
दिल-ए-तबाह से उठती हुई फ़ुग़ाँ की तरह
सुकूत-ए-शाम[9] में गूँजी हुई अज़ाँ की तरह
रहा हमेशा वो अह्ल-ए-वफ़ा[10] के दोश-ब-दोश[11]
वो क्यूबा हो कि वियतनाम हो-हिरोशिमा हो

---

1. न्याय चाहने वाला, बुद्धि उज्ज्वल करने वाला, दृष्टिवान 2. संवेदनशील 3. अस्तित्व 4. स्तर 5. मूल्य (बहु.) 6. विश्वास का सूरज 7. भवन 8. अगरु की तरह 9. शाम का सन्नाटा 10. प्रेमी 11. कंधे से कंधा मिलाकर

हर एक मोड़ पे हैं सब्त उसके नक़्श-ए-क़दम
शबाब-ओ-शेब की ताज़ीर[1] है गवाह कि वो
हर एक दौर के ज़िंदानियों में शामिल था
निगार-ओ-बादा-ओ-रक़्स-ओ-सरोद के बावस्फ़
वो अपने अहद की वीरानियों में शामिल था
दिखाए उसके तसव्वुर ने इक जहान के ख़्वाब
नई ज़मीन की आँखों से आस्मान के ख़्वाब

यही सबब है कि ऐवान-ए-फ़िक्र-ओ-दानिश में
हज़ार राख के पर्दे गिराए जाएँ मगर
वो जिस्म-ओ-ज़ह्न भी ज़िंदा है, लब भी ज़िदा हैं
वो ख़्वाब मशरिक़-ओ-मग़रिब में अब भी ज़िंदा हैं

इंतज़ार

रात-भर बारिश दरीचे के क़रीब
मोतिये की बेल से लिपटी हुई
क़तरा-क़तरा ज़ह्र बरसाती हुई

मेरी आँखों को तेरे चेहरे की याद आती रही

सुब्ह को था फ़र्श पर पत्तों का ढेर
बे-नुमू[2] मिट्टी के चेहरे का नक़ाब
इन्तिक़ाम - ए - इन्तज़ार - ए - आफ़ताब[3]

तुम और मैं

तुम क्यों किसी को ख़ातिर में लाओ
तुम शाख़-ए-गुल[4] हो
दस्त-ए-ख़िज़ाँ[5] के क्यों नाज़ उठाओ

---

1. दंड 2. अविकसित 3. सूर्य की प्रतीक्षा का बदला 4. फूलों की डाली 5. पतझड़ का हाथ

मैं क्यों ये सोचूँ
मैं हूँ 'अना'[1] का ज़ख़्मी परिंदा
ज़ख़्मों को ले कर उड़ क्यों न जाऊँ

लेकिन ये दुनिया
जिसके क़फ़स[2] में
तुम भी हमेशा दस्त-ए-ख़िज़ाँ से डरती रहोगी
मैं भी हमेशा ज़ख़्मों की पोशाक पहने रहूँगा

आओ, फिर आओ
इक-दूसरे की ताज़ीम[3] कर लें
तस्लीम[4] कर लें
हम अपनी-अपनी मजबूरियाँ हैं

मोहनजोदाड़ो

क़दीम[5] तहज़ीब[6] के शिकस्ता[7] बदन
तह-ब-तह ख़्वाब के अँधेरों से
मस्ख़[8] हो कर
ज़मीं पे उभरे हैं और
तहज़ीब-ए-नौ[9] की आँखों को
अपनी अज़मत[10] की दास्तानें सुना रहे हैं

शिकस्ता आसार[11]
नस्ल-ए-इनसाँ की गुमशुदा[12] साअतों[13] के नौहे
ज़िंदा तहज़ीब की उमंगों पे दम-ब-ख़ुद[14] हैं

ये निस्फ़[15] अज़मत, ये नीम[16] तहज़ीब

---

1. अहम् 2. पिंजरा 3. सम्मान 4. स्वीकार 5. प्राचीन 6. संस्कृति 7. टूटे हुए 8. विकृत 9. नई संस्कृति 10. महानता 11. अवशेष 12. खोई हुई 13. क्षण (बहु.) 14. मौन 15. अर्द्ध 16. अर्द्ध

अपनी बेजा[1] बरह्नगी[2] पर
बहुत ख़जिल[3] है
कि उसके जिस्म-ए-सक़ीम[4] के दाग़
तश्त-ए-तहज़ीब-ए-नौ[5] में अब तक चमक रहे हैं

शिकस्ता आसार
शर्म से धँस रहे हैं क़ातिल ज़मीं के अन्दर
कि म्यूज़ियम के तमाम कमरों में
मौत है मौत की नुमाइश

तमाम इनसान मौत के मस्ख़-कर्दा[6] लम्हों की खोज में हैं
मताए-पस-ख़ुर्दा-ए-अजल[7] को
तबर्रुकात-ए-बशर[8] समझकर
तमाम इंसाँ
बुज़ुर्ग[9] नस्लों की मद्‌ह[10] करते हैं इन ख़राबों[11] में
और पैहम[12] ये सोचते हैं
कि कैसी तहज़ीब
मुर्दा मिट्टी में धँस गई थी
कि इनके हाथों ने
कूज़ागर[13] की दुकान के
सारे ठीकरों को
अपनी तहज़ीब के अजायबघरों[14] में
महफ़ूज़[15] कर लिया है

शिकस्ता तहज़ीब देखती है
कि वक़्त की नीम-ख़ुर्दा[16] ख़ूराक
अस्र-ए-हाज़िर[17] को कितनी मरग़ूब[18] है कि अब तक

---

1. अनुचित 2. नग्नता 3. लज्जित 4. रोगी शरीर 5. नई संस्कृति की थाली 6. विकृत किए हुए 7. मौत की बची हुई दौलत 8. मनुष्य का प्रसाद 9. पूर्वज 10. स्तुति 11. खंडहर (बहु.) 12. बार-बार 13. कुम्हार 14. म्यूज़ियम (बहु.) 15. सुरक्षित 16. अध-खाई 17. वर्तमान काल 18. मनचाही, पसन्द

है मुर्दा तहज़ीब ज़िंदा तहज़ीब के
क़बाइल[1] का ख़्वान-ए-यग़मा[2]
मुर्दा तहज़ीब देखती है
कि ज़िंदा तहज़ीब के फ़लक-बोस[3] क़स्र-ओ-ऐवाँ[4]
हलाकतों[5] से सजे हुए हैं
और इसके मामन[6]
ताबकारी[7] की वहशतों[8] के बने हुए हैं
और इसके अजसाम[9]
कोह-ए-आतिशफ़िशाँ[10] पे ग़ाफ़िल[11] खड़े हुए

ज़िंदा तहज़ीब कोह-ए-आतिशफ़िशाँ पे इस्तादा[12]
सोचती है
कि मुर्दा तहज़ीब को बचा ले

मुर्दा तहज़ीब
ज़िंदा तहज़ीब के इरादों पे हँस रही है
मुर्दा तहज़ीब शर्म से
लम्हा-लम्हा मिट्टी में धँस रही है

कभी-कभी

कभी-कभी तो यूँ महसूस हुआ करता है
जैसे लफ़्ज़ के सारे रिश्ते बेमानी[13] हैं
लगती है कानों को अक्सर
ख़ामोशी
आवाज़ के सन्नाटे से बेहतर
सादा काग़ज़
लिखे हुए काग़ज़ से अच्छा लगता है

1. वंश (बहु.) 2. लूट में प्राप्त माल का थाल 3. गगनचुम्बी 4. महल 5. किसी घटना में मरना (बहु.) 6. रक्षा का स्थान 7. तेजोधयी, रेडियोएक्टिव 8. भय (बहु.) 9. शरीर (बहु.) 10. ज्वालामुखी 11. असावधान 12. खड़ी हुई 13. अर्थहीन

ख़्वाबीदा[1] लफ़्ज़ों को आख़िर
जागती आँखों की तसवीर दिखाएँ कैसे
पलकों पर आवाज़ सजाएँ कैसे

कभी-कभी यूँ लगता है जैसे तुम मेरी नज़्में हो
जिनको पढ़ कर कभी-कभी मैं यूँ भी सोचा करता हूँ
लफ़्ज़ों के रिश्ते बेमानी होते हैं
लफ़्ज़ कहाँ जज़्बों के सानी[2] होते हैं

नस्ल-ए-ज़ियाँ-गुज़ीदा[3]

हम आज तहज़ीब के सफ़र में
कहाँ से किस सम्त आ गए हैं
हमारे एहसास के नगर में
ये कैसे आसेब[4] छा गए हैं

न कोई अव्वल[5], न कोई आख़िर[6]
न कोई बातिन[7], न कोई ज़ाहिर[8]
न कोई पिनहाँ[9], न कोई प़ैदा[10]
न कोई तौरत[11] है, न गीता
न कोई गौतम, न कोई ईसा

हम एक नस्ल-ए-ज़ियाँ-गुज़ीदा
हमारी दुनिया कहीं नहीं है
कहीं हमारी ज़मीं नहीं है
मुहीब[12] वुसअत[13] में बे-इलाक़ा गिरोह हैं हम
चले थे इनसानियत का सरख़ैल[14] बन के लेकिन
क़दम-क़दम ठोकरें ही खाईं
हमें मिले आगही[15] के ताने

---

1. सोये हुए 2. द्वितीय, बराबर की चोट का 3. क्षति द्वारा डसी हुई पीढ़ी 4. अनिष्ट 5. प्रथम 6. अन्तिम 7. भीतर 8. प्रकट 9. गुप्त 10. प्रसूत, उत्पन्न 11. वह दैविक ग्रंथ जिसका ईश्वरीय ज्ञान हज़रत मूसा को मिला था 12. भयानक 13. विस्तार 14. सरदार 15. ज्ञान

हमारी बीनाइयाँ[1] हमारे लिए सज़ा थीं
हमारी सच्चाइयाँ हमारे लिए सज़ा थीं

हमारी अक़दार[2] मुख़्तलिफ़[3] थीं
हम अपने दिल में ये सोचते थे :
न कोई क़ातिल न कोई मुजरिम
न कोई सारिक़[4], न कोई रहज़न
ये नाम बक़्ती सियासतों की फ़रेबकारी[5]

मगर हमारी तमाम अक़दार पर तमाचों के वो निशाँ हैं
जो आईनाख़ाना-ए-तमद्दुन[6] में नौहा-ख़्वाँ हैं
हम अपने माज़ी की ख़ाक से अब किसे उभारें
हम अपनी गूँगी सदाक़तों[7] से किसे पुकारें
रफ़ाक़तों[8] का ग़ुरूर भी ग़म
मुहब्बतों का शऊर[9] भी ग़म

हम एक नस्ल-ए-ज़ियाँ-गुज़ीदा
यही हमारी ख़ता है शायद
कि हमने जीने की सई[10] की है
हमें ये दुनिया अज़ीज़ भी है
जभी हमारे तमाम दावों के रद्द[11] की ख़ातिर
अदावतें[12] हैं कुदूरतें[13] हैं
ये सब हमारे दवाम[14] का मज़हका[15] उड़ाने की सूरतें हैं

हमारा माहौल
अब हमारे वुजूद से हो चुका है नालाँ
हमारे सब ख़द्द-ओ-ख़ाल धुँदला के रह गए हैं

1. आँखों की ज्योति (बहु.) 2. मूल्य (बहु.) 3. विभिन्न, अलग 4. चोर 5. धोखेबाज़ी 6. संस्कृति का शीशे का घर 7. सच्चाई (बहु.) 8. मैत्री (बहु.); सहचरता (बहु.) 9. विवेक, समझ 10. कोशिश 11. ख़ारिज करना, नापसन्द करना 12. दुश्मनी (बहु.) 13. दिल में मैल होना (बहु.), मलिनता (बहु.) 14. स्थायित्व 15. ठट्ठा, निन्दा

हम एक तिनके की तरह बह्र-ए-तअब[1] की मौजों में बह गए हैं
हम एक नस्ल-ए-ज़ियाँ-गुज़ीदा के ख़्वाब में ख़ुद को ढूँडते हैं
हम अपने होने के बरगुज़ीदा[2] अज़ाब[3] में ख़ुद को ढूँडते हैं
कहीं हमारा निशाँ नहीं है

सदी की सातों दहाइयाँ हम पे ख़ंदा-ज़न[4] हैं
कहीं हमारा निशाँ नहीं है

वो अह्द[5] जिसमें हमारी नस्ल-ए-ज़ियाँ-गुज़ीदा ने बार[6] पाया
ज़मीं की आँखों ने इससे पहले कभी न देखा
इस आदम-ए-अह्द-ए-नौ[7] को देखो
कभी समंदर में है ये रक़्साँ[8]
कभी है सहरा में पा-ब-जौलाँ[9]
कभी ख़ुदा-ए-फ़ज़ा-ए-उरयाँ[10]
है इक हतेली[11] पे हिरोशिमा तो दूसरी पर क़मर[12] फ़रोज़ाँ[13]
ज़मीन और आसमान के दरमियाँ जो कुछ छुपा हुआ है
सब इसके दामन में आ रहा है
हम एक नस्ल-ए-ज़ियाँ-गुज़ीदा
कहीं हमारा निशाँ नहीं है
इस इर्तिक़ा[14] के सफ़र में हम गर्द-ए-कारवाँ हैं

हमारी हैरत, हमारे लम्हे
हमारे रिश्तों पे नौहा-ख़्वाँ हैं
हम आइनस्टाइन, मार्क्स और डार्विन से पूछें
फ़्रॉयड की मामिलों[15] से गुज़रें
कि माओ और हो चि मिन्ह को देखें
हमारी दर्द-आशना[16] किताबें

---

1. दुखों का समंदर 2. पसंदीदा, पवित्र 3. पापकष्ट, यातना 4. हँसी उड़ाने वाला 5. युग 6. पहुँच 7. नवयुग का मनुष्य 8. नाचता हुआ 9. पाँव में बेड़ी पड़ी हुई 10. नग्न वातावरण का ख़ुदा 11. हथेली 12. चाँद 13. प्रकाशमान 14. क्रम-विकास (evolution) 15. प्रयोगशाला, लेबोट्री 16. दुख में सहायता देने वाली

नुमूद-ए-एहसास[1]की नक़ाबें
तो साज़िशों के सियाह शोलों में जल रही हैं
जिन्हें किताबों की आग से हात[2] तापने में ख़ुशी मिली हो
हम उनसे ताबीर-ए-लफ़्ज़-ओ-मानी[3] की किस तवक़्क़ो[4] पे दाद पाएँ
इधर चिताएँ
उधर चिताएँ

हमारे चारों तरफ़ तो है वहशतों का इक ग़ोल-ए-हौल-अंगेज़[5]
लरज रहा है वुजूद-ए-चंगेज़[6]
ज़ुबाँ न खोलो, ज़ुबाँ न खोलो
दलील-ओ-दावे की मंज़िलें अब गुज़र चुकी हैं
नशीद-ओ-नग़मात[7] की रिवायात मर चुकी हैं
हमारे महबूब[8] जिस्म हर सू[9] सिसक रहे हैं
वो बेयक़ीनी की वादियों में भटक रहे हैं
किसी के कपड़े फटे हुए हैं
किसी के पिस्ताँ[10] कटे हुए हैं
ये आग और ख़ून के समंदर
उभर रहे हैं इताब[11] दर बर
न जंग-ए-ना-दार-ओ-दार[12] है अब
न ज़ुलमतों[13] से फ़रार[14] है अब
न फूल है अब, न ख़ार है अब

हम एक नस्ल-ए-ज़ियाँ-गुज़ीदा
बहार-दीदा[15], ख़िज़ाँ-रसीदा[16]
हमारी ख़ातिर कोई न सोचे
कि आज तो सोच-सोच कर ख़ुद हमारे अज़हान[17] थक गए हैं
ये लोग जिनकी ज़ुबाँ है ख़ंजर

---

1. अनुभव होना, संवेदन बढ़ना 2. हाथ 3. शब्द और अर्थ का स्पष्टीकरण 4. आशा 5. भय उत्पन्न करने वाली भीड़ 6. चंगेज़ खान की आत्मा 7. गान 8. प्रिय 9. ओर 10. स्तन 11. क्रोध, प्रकोप 12. निर्धन और धनी की जंग 13. अन्धकार (बहु.) 14. पलायन 15. फूलों का मौसम देखे हुए 16. मुरझाए हुए 17. बुद्धि (बहु.)

ये लोग जिनका नफ़स[1] है अज़दर[2]
ये लोग क्या यूँ भी सोचते थे
कि छीन लें हक़-ए-ज़ीस्त[3] हमसे
न कोई इनमें उदास होगा
न कोई लाशों के पास होगा

जो शह्र सहरा में हमने बोए
अब उनके साये भी डस रहे हैं
समंदरों को असीर[4] कर के
हम ओस तक को तरस रहे हैं
हरीर-ओ-रेशम[5] की कारगाहें[6] बना के ख़ुद बेलिबास हैं हम
बजा[7] कहा : बे-असास[8] हैं हम

मैं जिसका क़िस्सा सुना रहा था
उसी गिरोह-ए-ज़ियाँ-रसीदा का क़र्ज़ हूँ मैं
मगर ये तुम शर्मसार क्यों हो
इधर ज़रा मेरी सम्त देखो
किसी से मैंने ये कब कहा है
कि मैं हूँ मायूस आदमी से
हबूत-ए-इंसाँ[9] का ज़िक्र ही क्या
मुझे ख़बर है कि जो भी तूफ़ान-ए-नूह[10] के बाद बच गए थे

---

1. साँस 2. अजगर 3. जीने का अधिकार 4. बंदी 5. एक बारीक और रेशमी कपड़ा 6. कारख़ाने 7. ठीक, उचित 8. जिनकी बुनियाद न हो, आधार 9. मनुष्य का आकाश से धरती पर उतरना 10. महावृष्टि (द ग्रेट फ्लड) की कहानी हिन्दू, ईसाई, मुस्लिम—तीनों परम्पराओं में मिलती है। इस्लाम की कथाओं में जिक्र आता है कि जब धरती पर पाप का बोझ बहुत बढ़ गया तो ख़ुदा ने ग़ुस्से में आ कर शदीद बारिश करने का फ़ैसला किया। लेकिन ईश्वर अपनी सन्तानों को समूल नष्ट भी नहीं करना चाहता था। महावृष्टि से पहले ख़ुदा ने हज़रत नूह को हुक्म दिया कि एक किश्ती बनाओ। इस किश्ती में मेरी दुनिया के तमाम जीवों का एक-एक जोड़ा रख लो। इन जीवों के जोड़ों को ले कर एक ऊँचे पहाड़ पर चले जाना। जब बाढ़ आएगी तो सृष्टि के बाक़ी प्राणी डूब जाएँगे, तुम बच जाओगे। घनघोर बारिश हुई। सारी धरती जलमय हो गई। इस दृश्य का विवरण जयशंकर प्रसाद ने कामायनी के प्रारंभ में किया है :

नीचे जल था ऊपर जल था, एक तरल था एक सघन
एक तत्त्व की थी प्रधानता, उसे कहो जड़ या चेतन

वही अलामत थे रौशनी की
वही सदाक़त थे आदमी की
वही शहादत थे ज़िंदगी की
उस एक तूफ़ाँ का ज़िक्र ही क्या
उफ़ुक़[1] के दामन में एक कश्ती उभर रही है
उफ़ुक़ के दामन में एक कश्ती उभर रही है

1

तंग आते भी नहीं कश्मकश-ए-दह्[2] से लोग
क्या तमाशा है कि मरते भी नहीं ज़ह् से लोग

शह् में आए थे सह्रा की फ़ज़ा से थककर
अब कहाँ जाएँगे आसेब-ज़दा[3] शह् से लोग

नख़्ल-ए-हस्ती[4] नज़र आएगा कभी नख़्ल-ए-सलीब[5]
ज़ीस्त[6] की फ़ाल निकालेंगे कभी ज़ह् से लोग

हमको जन्नत की फ़ज़ा से भी ज़्यादा है अज़ीज़
यही बे-रंग सी दुनिया, यही बे-मेह्र से लोग

मुतमइन[7] रहते हैं तूफ़ान-ए-मसाइब में कभी
डूब जाते हैं कभी दर्द की इक लह् से लोग

ऐ ज़मीं आज भी ज़र्रे हैं तेरे मेह्-तराश[8]
ऐ फ़लक[9] आज भी लड़ते हैं तेरे क़ह्[10] से लोग

चालीस दिन की बाढ़ के बाद पानी उतरा तो फिर हज़रत नूह की किश्ती में बचे हुए जीवों के जोड़े धरती पर उतरे और सृष्टि को दोबारा आबाद किया। इस्लामी विश्वास है कि आज की सृष्टि के जीवन इन्हीं प्राणियों की सन्तान हैं। 1.क्षितिज 2. काल 3. प्रेत-ग्रस्त 4. अस्तित्व का पेड़ 5. सूली का पेड़ 6. जीवन 7. सन्तुष्ट 8. सूरज को काटने वाले 9. आकाश 10. दैवी कोप

सिर्फ़ महरूमी-ए-फ़रहाद[1] का क्या ज़िक्र सहर
बे-सुतूँ[2] काट के महरूम[3] रहे नह्र से लोग

2

बस्तियाँ ख़्वाब हुईं दीदा-ए-बेख़्वाब[4] के बाद
अक्स ही अक्स मिले आईना-ए-आब[5] के बाद

जैसे उनमें कभी आबाद न होगा कोई
यूँ मकानों के निशाँ रह गए सैलाब के बाद

ख़्वाहिश-ए-ख़्वाब में आँखें भी रखीं बंद मगर
नज़र आता है वही ख़्वाब कहाँ, ख़्वाब के बाद

काम सब महवर-ए-फ़ुर्सत[6] के बदलने तक थे
अब कोई काम नहीं फ़ुर्सत-ए-कमयाब[7] के बाद

उड़ते फिरते हैं फ़ज़ाओं में परिंदे क्या-क्या
ज़िंदगी ख़त्म नहीं हलक़ा-ए-गिर्दाब[8] के बाद

दिल में क़िस्से तो बहुत हैं ग़म-ए-बेदारी[9] के
क्या कहे कोई तेरी चश्म-ए-गरां-ख़्वाब[10] के बाद

ज़िंदा रहने की ज़रूरत का ख़याल आता है
ख़ासकर वो भी सहर पुर्सिश-ए-अहबाब के बाद[11]

---

1. फ़रहाद की निराशा 2.बेसुतूँ उस पहाड़ का नाम है जिसे फ़रहाद ने नहर निकालने के लिए काटा था ताकि अपनी प्रेमिका शीरीं को हासिल कर सके। 3. असफल, निराश 4. वह आँख जिसमें नींद न हो 5. पानी का आईना 6. अवकाश का केन्द्र 7. वो फ़ुरसत जो कम मिलती हो 8. भँवर की परिधि 9. जागने का दुख 10. वह आँख जो गहरी और लम्बी नींद के बाद जागी हो 11. दोस्तों द्वारा हालचाल पूछे जाने के बाद

3

हवस-ओ-वफ़ा[1] की सियासतों में भी कामयाब नहीं रहा
कोई चेहरा ऐसा भी चाहिए जो पस-ए-नक़ाब[2] नहीं रहा

तेरी आरज़ू से भी क्यों नहीं ग़म-ए-ज़िंदगी में कोई कमी
ये सवाल वो है कि जिसका अब कोई इक जवाब नहीं रहा

थीं समाअतें सर-ए-हा-ओ-हू छिड़ी क़िस्सा-ख़्वानों की गुफ़्तगू
वही जिसने बज़्म सजाई थी वही बारयाब[3] नहीं रहा

कम-ओ-बेश[4] एक से पैरहन[5], कम-ओ-बेश एक सा है चलन
सर-ए-रहगुज़र किसी वस्फ़[6] का कोई इंतिख़ाब[7] नहीं रहा

वो किताब-ए-दिल जिसे रब्त[8] था तेरे कैफ़-ए-हिज्र-ओ-विसाल[9] से
वो किताब-ए-दिल तो लिखी गई मगर इंतिसाब[10] नहीं रहा

मैं हर एक शब यही बंद आँखों से पूछता हूँ सहर तलक
कि ये नींद किसलिए उड़ गई अगर एक ख़्वाब नहीं रहा

यहाँ रास्ते भी हैं बे-शजर[11], है मुनाफ़िक़त[12] भी यहाँ हुनर
मुझे अपने आप पे फ़ख़्र है कि मैं कामयाब नहीं रहा

फ़क़त एक लम्हे में मुनकशिफ़[13] हुई शाम-ए-मौसम-ए-आरज़ू
सहर उसके चेहरे की सम्त जब गुल-ए-आफ़ताब नहीं रहा

---

1. लालसा और प्रतिज्ञा पालन 2. नक़ाब के पीछे 3. पहुँचना 4. थोड़ा-बहुत 5. वस्त्र 6. गुण 7. चुनाव 8. लगाव 9. विरह और मिलन का आनन्द 10. पुस्तक को किसी के नाम समर्पित करना, पुस्तकार्पण 11. जहाँ पेड़ न हों 12. दिल में कुछ होना और ज़ुबान पर कुछ, मिथ्याचार 13. प्रकट

4

विसाल-ओ-हिज्र से वाबस्ता तुहमतें भी गईं
वो फ़ासले भी गए, अब वो क़ुरबतें[1] भी गईं

दिलों का हाल तो ये है कि रब्त[2] है न गुरेज़[3]
मुहब्बतें तो गई थीं अदावतें[4] भी गईं

लुभा लिया है बहुत दिल को रस्म-ए-दुनिया ने
सितमगरों से सितम की शिकायतें भी गईं

गुरूर-ए-कजकुलही[5] जिनके दम से क़ायम था
वो जुरअतें[6] भी गईं, वो जसारतें[7] भी गईं

न अब वो शिद्दत-ए-आवारगी न वहशते दिल
हमारे नाम की कुछ और शोहरतें भी गईं

दिल-ए-तबाह था बेनाम हसरतों का दयार[8]
सो अब तो दिल से वो बे-नाम हसरतें भी गईं

हुए हैं जब से बरह्ना[9] ज़रूरतों के बदन
ख़याल-ओ-ख़्वाब की पिनहीं[10] नज़ाकतें[11] भी गईं

हुजूम-ए-सर्व-ओ-समन[12] है न सैल-ए-नकहत-ओ-रंग[13]
वो क़ामतें[14] भी गईं वो क़यामतें भी गईं

भुला दिये ग़म-ए-दुनिया ने इश्क़ के आदाब
किसी के नाज़ उठाने की फ़ुरसतें भी गईं

---

1. सामीप्य (बहु.) 2. लगाव 3. घृणा, उपेक्षा 4. दुश्मनी (बहु.) 5. बाँकपन, सामर्थ्य का घमंड 6. साहस, उत्साह (बहु.) 7. वीरता, दिलेरी (बहु.) 8. घर 9. नग्न 10. छिपी हुई 11. कोमलता, सूक्ष्मता (बहु.) 12. एक प्रसिद्ध पेड़ सरो और चमेली के झुंड 13. ख़ुशबुओं और रंगों की बाढ़ 14. लम्बा शरीर (बहु.)

करेगा कौन मताए-ख़ुलूस[1] यूँ अर्ज़ा[2]
हमारे साथ हमारी सख़ावतें[3] भी गईं

न चाँद में है वो चेहरा, न सर्व[4] में है वो जिस्म
गया वो शख़्स तो उसकी शबाहतें[5] भी गईं

गया वो दौर-ए-ग़म-ए-इंतज़ार-ए-यार सहर
और अपनी ज़ात पे दानिस्ता[6] ज़हमतें[7] भी गईं

5

मन के मंदिर में है उदासी क्यों
नहीं आई वो देवदासी क्यों

अब्र बरसा बरस के खुल भी गया
रह गई फिर ज़मीन प्यासी क्यों

इक ख़ुशी का ख़याल आते ही
छा गई ज़ह्न पर उदासी क्यों

ज़िंदगी बेवफ़ा अज़ल[8] से है
फिर भी लगती है बावफ़ा सी क्यों

ऐसी फ़ितरत-शिकार दुनिया में
इतनी इनसान ना-शनासी क्यों

क्यों नहीं एक ज़ाहिर-ओ-बातिन[9]
आदमी हो गए सियासी[10] क्यों

---

1. निश्छलता की दौलत 2. सस्ती, व्यर्थ 3. दानशीलता (बहु.) 4. सरो (एक पेड़) 5. समता, हमशक्ली (बहु.) 6. जान-बूझ कर 7. कष्ट 8. अनादि काल 9. (मन में) प्रगट/बाहर और अंतर्निहित/अंदर 10. राजनीतिक

ग़मगुसारी, ख़ुलूस, मेह्र, वफ़ा
हो गए हैं ये फूल बासी क्यों

इक हक़ीक़त है जब वतन की तलब[1]
फिर मुहब्बत करें क़ियासी[2] क्यों

ये मुलाक़ात, ये सुकूत, ये शाम
इब्तिदा[3] में ये इंतिहा[4] सी क्यों

मिलने वाले बिछड़ भी सकते हैं
तेरी आँखों में है उदासी क्यों

6

दिलों में आतिश-ए-एहसास[5] का ज़ियाँ[6] देखो
धुआँ-धुआँ नज़र आते हैं जिस्म-ओ-जाँ देखो

न कोई चाप, न आहट, न गुफ़्तगू, न सवाल
कहाँ लुटे हैं ख़यालों के कारवाँ देखो

हज़ार आईनाख़ानों के दरमियाँ रह कर
वही वुजूद[7], वही सई-ए-रायगाँ[8] देखो

ज़मीं की क़ैद से उकता गए, गनीमत है
अब आसमान पे ज़ंजीर-ए-कहकशाँ देखो

भटक रहा हूँ मैं परछाइयों के जंगल में
फ़रेब-ख़ूर्दगी-ए-याद-ए-हमरहाँ[9] देखो

---

1. माँग, चाह 2. कल्पित 3. प्रारम्भ 4. अत्यधिक, चरम सीमा 5. अनुभूति की आग 6. कमी 7. अस्तित्व 8. निष्फल प्रयत्न 9. सहयात्रियों की याद के धोखे में आ जाना

ग़रीब-ए-शह्र[1] का अहवाल पूछते क्या हो
कमाल-ए-जुर्म-ओ-सज़ा[2] बन गई ज़ुबाँ देखो

इधर भी आओ कभी सूरत-ए-नसीम-ए-सह्र[3]
गुलों के शह्र में बारूद का धुआँ देखो

गली-गली है लहू, ज़ख़्म-ज़ख़्म हैं बाज़ार
हमारे शह्र की तसवीर-ए-ख़ूँचकाँ[4] देखो

इधर ज़मीन पे मक़्तल[5] का हो रहा है गुमाँ
फ़लक ने खेंच रखी है उधर कमाँ देखो

हज़ार दार-ओ-रसन[6] पर भी बेशिकन है जबीं[7]
सितमकशों[8] का जलाल-ए-पयम्बराँ[9] देखो

सर-ए-बुरीदा-ब-नैज़ा[10], क़मीस-ए-ख़ूँ-आलूद[11]
सफ़-ए-अदू[12] से उभरते हुए निशाँ देखो

न हम वफ़ा पे पशेमां न वो जफ़ा पे खफ़ीफ़[13]
नया शऊर[14], नई तर्ज-ए-इम्तिहाँ[15] देखो

बिछड़ने वाली हवाओं की अजनबी ख़ुशबू
हुई है हम पे भी इक बार मेह्रबाँ देखो

मिलेंगे और कई रंग दिलनवाज़ी के
निगाह-ए-यार में तम्हीद-ए-इम्तिहाँ[16] देखो

---

1. जो नगर में किसी को जानता-पहचानता न हो, मुसाफ़िर जैसा 2. अपराध और दंड की कला 3. सुबह की मंद और शीतल हवा की तरह 4. वह चित्र जिसमें से ख़ून बह रहा हो 5. वधस्थान 6. सूली का तख़्ता और फाँसी का फंदा 7. माथा 8. अत्याचार सहने वाला (बहु.) 9. पैग़ंबरों जैसा प्रताप 10. भाले पर कटा हुआ सिर 11. रक्त में लिथड़ी हुई कमीज़ 12. दुश्मन का दल 13. लज्जित 14. समझ, विवेक 15. परीक्षा का ढंग 16. परीक्षा का प्रारम्भ

7

फ़साना-ए-ग़म-ए-दिल ना-तमाम[1] है देखो
बुझी-बुझी-सी मगर शम्अ-ए-शाम है देखो

खटक रहा है जो दिल बार-बार सीने में
ये ज़िंदगी का नया एहतिमाम[2] है देखो

अज़ाब बन गए हम एक दूसरे के लिए
मुहब्बतों को भी इतना दवाम[3] है देखो

हवा, बिखेर दिया जिसने चार सू, मुझको
ये मेरी ख़ाक से फिर हमकलाम[4] है देखो

मैं कह रहा था कि दिल है मेरा उदास बहुत
मगर दिलों की उदासी तो आम है देखो

किया तो होगा किसी ने किसी से यूँ भी कलाम
तुम्हीं पे मेरी मुहब्बत तमाम है देखो

8

न दोस्ती से रहे और न दुश्मनी से रहे
हमें तमाम गिले अपनी आगही[5] से रहे

वो पास आए तो मौज़ू-ए-गुफ़्तगू[6] न मिले
वो लौट जाए तो हर गुफ़्तगू उसी से रहे

हम अपनी राह चले, लोग अपनी राह चले
यही सबब है कि हम सरगिराँ[7] सभी से रहे

---

1. अधूरा 2. प्रबन्ध 3. स्थायित्व 4. किसी के साथ बात करता हुआ 5. ज्ञान 6. बातचीत का विषय 7. खंदक (में रहे) ऐंठे हुए

वो गर्दिशें हैं कि छुट जाएँ ख़ुद ही हात[1] से हात
ये ज़िंदगी हो तो क्या रब्त-ए-जाँ[2] किसी से रहे

कभी मिला वो सर-ए-रहगुज़र[3] तो मिलते ही
नज़र चुराने लगा, हम भी अजनबी से रहे

गुदाज़ क़ल्ब[4] कहे कोई या कि हरजाई
ख़ुलूस-ओ-दर्द के रिश्ते यहाँ सभी से रहे

9

तू हवा, मैं सिर्फ़ गर्द-ए-रहगुज़र[5] कैसे रहूँ
यूँ तेरे कूचे में ऐ बे-दाद-गर[6] कैसे रहूँ

बार[7] हों जब हर मुसाफ़त[8] पर मेरे नक़्श-ए-क़दम
मैं पराए रास्तों का हमसफ़र कैसे रहूँ

नीम-शब[9] में सुबह के आसार[10] का मैं हूँ सफ़ीर[11]
टूटते तारों से लेकिन बे-ख़बर कैसे रहूँ

है ख़ुद इक जब्र-ए-मुसलसल[12] मंसब-ए-आवारगी[13]
दर-ब-दर जब ख़ाक उड़ानी हो तो घर कैसे रहूँ

मेज़ पर रक्खा हुआ गुलदान दिलकश है मगर
बेनियाज़-ए-वहशत-ए-दीवार-ओ-दर[14] कैसे रहूँ

क्यों न चाहूँ फिर मकान-ए-हर्फ़-ओ-मानी[15] में पनाह
वार करते दुश्मनों में बे-सिपर[16] कैसे रहूँ

---

1. हाथ 2. प्राण का संबंध 3. रास्ते में 4. पिघलने वाला दिल 5. रास्ते की धूल 6. अत्याचारी 7. बोझ 8. यात्रा, रास्ते की दूरी 9. आधी रात 10. लक्षण 11. दूत 12. निरन्तर अत्याचार 13. आवारगी का अधिकार 14. दीवार और दरवाज़े के भय से बेपरवाह 15. अक्षर और अर्थ का घर 16. बिना ढाल

कूचा-ओ-बाज़ार में गुम साँस लेती ख़्वाहिशें
साँस लेती ख़्वाहिशों का नौहागर[1] कैसे रहूँ

लाल-पीली दुश्मनी के चीख़ते वहशी तुयूर[2]
मुझको जंगल ही में रहना है मगर कैसे रहूँ

छेड़कर मिट्टी के सारे तह-ब-तह लम्हों की बात
मैं सहर रह्न-ए-हयात-ए-मुख़्तसर[3] कैसे रहूँ

10

बहुत उदास हूँ कोई फ़साना कह मुझसे
नहीं ये अह्द[4] भी अह्द-ए-वफ़ा, न कह मुझसे

इसी फ़ज़ा में मेरे रोज़-ओ-शब[5] गुज़रते हैं
शिकस्त-ए-रात का हर माजरा[6] न कह मुझसे

हयात[7] अस्ल में है अपने क़ुर्ब[8] का एहसास
तेरे बग़ैर भी जीना हुआ, न कह मुझसे

ये गुफ़्तगू तो रफ़ाक़त[9] की इक ज़रूरत है
कोई हदीस-ए-सुख़न-आज़मा[10] न कह मुझसे

जमाल-ए-ज़ीस्त[11] तग़ाफ़ुल शिआरियाँ[12] ता-चंद[13]
हिकायत-ए-निगह-ए-मेहमाना[14] कह मुझसे

मैं अपनी ख़ाक के ज़र्रों में छुप के बैठा हूँ
मुझे भी ढूँड रही है हवा न कह मुझसे

---

1. विलाप करने वाला 2. पक्षी (बहु.) 3. छोटी-सी ज़िंदगी का बंधक 4. युग 5. दिन और रात 6. वृत्तांत 7. जीवन 8. सामीप्य 9. दोस्ती, संगत 10. कविता को आज़माने वाली नई बात 11. जीवन का रूप 12. जान-बूझ कर बेपरवाही बरतना (बहु.) 13. कब तक 14. परिचित निगाह की कथा

शिकस्त दे गई काजल को आँसुओं की लकीर
बिछड़ गया है वो रंग-ए-हिना, न कह मुझसे

11

इक आस का धुँदला साया है इक यास[1] का तपता सहरा है
क्या देख रहे हो आँखों में, इन आँखों में क्या रक्खा है

जब खोने को कुछ पास भी था तब पाने का कुछ ध्यान न था
अब सोचते हो, क्यों सोचते हो, क्या खोया है क्या पाया है

मैं झूट को सच से क्यों बदलूँ और रात को दिन में क्यों घोलूँ
या सुनने वाला बहरा है, या देखने वाला अंधा है

हर ख़ाक में है गौहर[2] ग़लताँ[3] हर गौहर में मिट्टी रक़्साँ[4]
जिस रूप के सब गुन गाते हैं वो रूप भी किसने देखा है

किस दिल की बात कहें हम-तुम, किस दिल का दर्द सहें हम-तुम
दिल पत्थर है, दिल शीशा है, दिल सहरा है, दिल दरिया है

अब सारे तारे कंकर हैं अब सारे हीरे पत्थर हैं
इस बस्ती में क्यों आए हो, इस बस्ती में क्या रक्खा है

ये मरना-जीना भी शायद मजबूरी की दो लहरें हैं
कुछ सोच के मरना चाहा था कुछ सोच के जीना चाहा है

12

किसी भी ज़ख़्म का दिल पर असर न था कोई
ये बात जब की है जब चारागर[5] न था कोई

1. निराशा 2. मोती 3. लुढ़कता हुआ 4. नाचती हुई 5. चिकित्सक

किसी से रंग-ए-उफ़ुक़[1] ही की बात कर लेते
अब इस क़दर भी यहाँ मोतबर[2] न था कोई

बनाए जाऊँ किसी और के भी नक़्श-ए-क़दम
ये क्यों कहूँ कि मेरा हमसफ़र न था कोई

जिसे गुज़ार गए हम बड़े हुनर के साथ
वो ज़िंदगी थी हमारी, हुनर न था कोई

गुज़र गए तेरे कूचे से अजनबी की तरह
कि हमसे सिलसिला-ए-बाम-ओ-दर न था कोई

अजीब होते हैं आदाब-ए-रुख़्सत-ए-महफ़िल[3]
कि उठ के वो भी चला जिसका घर न था कोई

हुजूम-ए-शह्र में शामिल रहा और उसके बाद
सहर! उधर भी गया मैं जिधर न था कोई

13

हर नफ़स[4] इक आलम-ए-दीगर[5] में रहना चाहिए
इक न इक सौदा[6] हमेशा सर में रहना चाहिए

सर से उड़ जाए कुलह[7], शाख़ों से गिर जाएँ समर[8]
हो हवा ऐसी तो अपने घर में रहना चाहिए

ज़िंदगी कब अपनी आराइश[9] से होती बहरावर[10]
कब तलक तज़ईन-ए-बाम-ओ-दर[11] में रहना चाहिए

हो सके इक आन में पैमाइश-ए-कंज-ए-क़फ़स[12]
इतनी आज़ादी तो बाल-ओ-पर में रहना चाहिए

---

1. क्षितिज का रंग 2. विश्वस्त 3. सभा से जाने के शिष्टाचार 4. साँस 5. दूसरी दुनिया 6. पागलपन, प्रेम 7. पगड़ी 8. फल 9. सज्जा 10. ख़ुशनसीब 11. खिड़की और दरवाज़े की सजावट 12. कारागार के कोने की माप

ख़त्म होता जा रहा है एतिबार-ए-ख़द्द-ओ-ख़ाल[1]
अपनी परछाईं के पस-मंज़र[2] में रहना चाहिए

जो तराशा जा रहा है लौह-ए-तुरबत[3] के लिए
बन के चिंगारी उसी पत्थर में रहना चाहिए

दाद-ख़्वाह-ए-बे-गुनाहाँ[4] कौन होता है मगर
जुर्म की तफ़सील[5] तो महज़र[6] में रहना चाहिए

क्यों नहीं मिलती किसी फ़त्ह-ए-तमन्ना[7] की नवेद[8]
क्या सदा हारे हुए लश्कर में रहना चाहिए

लूट कर ज़ौक़-ए-सफ़र[9], बख़्शी गई दाद-ए-सफ़र[10]
फ़र्क़ कुछ तो रहजन-ओ-रहबर[11] में रहना चाहिए

बुत बना ले तो ख़ुदा हो, तोड़ दे तो संग हो
ये सलीक़ा तेशा-ए-आज़र[12] में रहना चाहिए

क्या मिलेगा खार-ए-दश्त-ओ-संग-ए-वहशत[13] से सहर
एहतिमाम-ए-बालिश-ओ-बिस्तर[14] में रहना चाहिए

---

1. चेहर-ए-मुहरे का विश्वास 2. पृष्ठभूमि 3. क़ब्र पर लगा हुआ पत्थर जिस पर मरने वाले का नाम, जन्म तिथि, मरण तिथि आदि लिखा होता है। 4. निर्दोष लोगों का न्याय चाहने वाला 5. विवरण 6. प्रार्थनापत्र 7. अभिलाषा की विजय 8. शुभ सूचना 9. यात्रा का आनन्द 10. यात्रा का दाम 11. बटमार और पथ-प्रदर्शक 12. तेशा-ए-आज़र यानी आज़र का तेशा। हज़रत इब्राहीम जब बच्चे थे तो उन्हें आज़र नाम के एक मूर्तियाँ बनाने वाले ने पाला था। आज़र के बनाए बुत दूर-दूर तक बिकते थे। प्रदर्शन के लिए आज़र ने एक विशाल मूर्तिभवन (बुतख़ाना) बना रक्खा था जहाँ श्रद्धालु हज़ारों की संख्या में आ कर मूर्तिपूजा करते। आज़र इस बुतख़ाने का प्रमुख पुजारी भी था। जब हज़रत इब्राहीम बड़े हो गए तो उन्होंने अपने पालक आज़र को समझाया कि ईश्वर एक है और निराकार। उसकी भिन्न-भिन्न मूर्तियाँ बना कर पूजा करना ख़ुदा की तौहीन है। लेकिन आज़र न माना। जब इब्राहीम को लगा कि बातों से काम नहीं चलेगा तो उन्होंने आज़र की मूर्तियाँ गढ़ने वाला तेशा और तमाम बुत तोड़ डाले। 13. भय का पत्थर और जंगल का काँटा 14. तकिए और बिस्तर का प्रयोजन।

14

बढ़ा अब और तक़ाज़े न चश्म-ए-नम[1] अपने
छुपा के सबसे कहाँ तक लिखूँ अलम[2] अपने

हुई हैं उससे वो बातें भी जो कभी न हुईं
और उसमें भूल गए हमको कितने ग़म अपने

सुकून-ए-दिल[3] की तलब[4] वहशतों के अंदेशे
यही रहे हैं शब-ओ-रोज़ बेश-ओ-कम अपने

किसे तलाश करें किसके हमसफ़र बन जाएँ
ख़ुद अपनी राह में उठते नहीं क़दम अपने

कुछ उसकी जुल्फ़-ए-शिकन-दर-शिकन[5] के रम्ज़[6] खुलें
रह-ए-हयात[7] समेटे जो पेच-ओ-ख़म[8] अपने

सुकून-ए-क़ल्ब-ओ-ग़म-ए-दह्र[9] की कशाकश[10] में
यही हुआ कि तुम्हारे हुए न हम अपने

अशआर

जो लम्हे बस में नहीं उनके ख़्वाब आते हैं
इसी तरह तो दिलों पर अज़ाब आते हैं

आदमी से आदमी के अजनबी रहने का ग़म
ज़ात के सारे ग़मों से है शदीद[11]

---

1. भीगी आँख 2. रंज, दुख 3. मन की शांति 4. चाह 5. उलझे हुए बाल 6. रहस्य, भेद 7. जीवन-पथ 8. टेढ़े-मेढ़े, ऊँच-नीच 9. मन की शांति और काल का दुख 10. संघर्ष 11. तीव्र, कठिन

क्या ख़बर थी तेरे अंदाज़-ए-गुरेज़[1]
सिर्फ़ मिलने के बहाने होंगे

भूल जाना तो रस्म-ए-दुनिया है
आपने कौन सा कमाल किया

दिलों पे कितना अँधेरों का ख़ौफ़ तारी है
चराग़ शाम से पहले ही जल गए हैं यहाँ

दयार-ए-लम्स में ता-चंद ख़द्द-ओ-ख़ाल की बात[2]
कि ज़ह्न जिस्म से आगे निकल गए हैं यहाँ

जब्र-ए-तज़ाद-ए-ज़िंदगी[3], ख़ूब है ये मज़ाक भी
मरहम-ए-ज़ख़्म जिसके हाथ, सीना-फ़िगार[4] भी वही

ये एक मौज[5] नज़र में कहाँ से उभरी है
मेरे सराब[6] से क्या दुश्मनी है दरिया को

कभी-कभी मैं उन्हीं क़ाफ़िलों में होता हूँ
जो रास्तों में नहीं हैं जो मंज़िलों में नहीं

हैराँ खड़ी हैं खेत में गंदुम की बालियाँ
इस बार फ़स्ल काटने वाले कहाँ गए

मैं कोई दुश्मन-ए-दुनिया तो नहीं
मैंने दुनिया में जो देखा, लिक्खा

मेरी सदा पे किसी की सदा नहीं आई
मिज़ाज-ए-अस्र-ए-रवाँ[7] साज़िश-ए-सुकूत[8] है क्या

---

1. उपेक्षा या बचाव के ढंग 2. अंतरंग स्पर्श के क्षणों में चेहर-ए-मुहरे की चर्चा कब तक 3. जीवन की प्रतिकूलता का अत्याचार 4. घायल सीना 5. लहर 6. मृगतृष्णा 7. वर्तमान काल की प्रकृति 8. सन्नाटे का षड्यंत्र

ऐ मेह्व-ए-ताबनाक[1] तेरी रौशनी की ख़ैर
कुछ लोग ज़ेर-ए-साया-ए-दीवार[2] जल गए

हँसते चेहरे भी धोका हैं, रोती आँखें भी हैं फ़रेब
लोग न जाने दिल में क्या-क्या भेद छिपाए फिरते हैं

मुसाफ़िरों से मुहब्बत की बात कर लेकिन
मुसाफ़िरों की मुहब्बत का एतिबार न कर

इस आरज़ू में कि पहचान लें मुझे मेरे लोग
बता रहा हूँ ख़ुद अपनी निशानियाँ क्या-क्या

अर्ज़-ओ-इजहार[3] भी हैं पैराहन[4]
ज़ात[5] को किसने बेलिबास किया

कभी दर्द बने, कभी शेर लिखे, कभी इश्क़ किया, कभी जोग लिया
कभी सारे नक़ाब उतार दिये तो हम आप ही अपने नज़ीर हुए

हो किसको मेरी ज़ात के आलाम[7] का इरफ़ान[8]
मैं शह्व में मालूम हूँ महसूस नहीं हूँ

रब्ब-ए-नुजूम-ओ-कहकशाँ,[9] धूल सी उड़ रही है या
देख बजुज़-गुबार-ए-जाँ[10] कौन है कायनात[11] में

---

1. ऐ चमकते हुए सूरज 2. दीवार के साये तले 3. प्रार्थना और अभिव्यक्ति 4. वस्त्र 5. अस्तित्व 6. उदाहरण 7. आपत्ति (बहु.) 8. ज्ञान 9. ऐ सितारों और आकाशगंगा के रब 10. प्राणों की धूल के अतिरिक्त 11. ब्रह्मांड

हमीद जालंधरी

सन् 1926 के दिनों का ज़िक्र करते हुए मिर्ज़ा अदीब लिखते हैं : जालंधर के इस्लामिया हाई स्कूल में एक लड़का तालीम पा रहा था जिसे पढ़ने-लिखने के साथ-साथ शेर-गोई में भी एक हद तक दिलचस्पी थी। उन दिनों जालंधर में हर पंद्रह रोज़ के बाद मुशायरा होता था जिसमें सय्यद मुहम्मद अली शाह आज़र, ख़ान मुहम्मद कबीर ख़ाँ और आशिक़ जालंधरी ऐसे बा-कमाल उस्तादों के अलावा और दूसरे मुक़ामी शायरों की भी एक पूरी खेप हिस्सा लेती थी। बाक़ायदा मुशायरे से पहले निजी महफ़िलों में शेर-ओ-शायरी के चर्चे भी हर रोज़ रहते थे। ये 1925-26 के आसपास की बात है। देहली और लखनऊ की रिवायात को सीने से लगाए, जालंधर आहिस्ता-आहिस्ता नए दौर में दाख़िल हो रहा था।

हमीद के क़रीबी मुहल्ले में हफ़ीज़ जालंधरी के एक शागिर्द मिर्ज़ा हफ़ीज़ की दुकान थी। चूँकि उस्ताद-शागिर्द का तख़ल्लुस एक-सा होने से उलझाव हो सकता, इसलिए दोनों नाम से पहले अलग-अलग उपाधियाँ लगाते थे। गुरु 'अबुल असर' हफ़ीज़ जालंधरी के नाम से जाने जाते, शिष्य महोदय अपने नाम से पहले 'अबुल ख़याल' लिखते। अबुल ख़याल हफ़ीज़ जालंधरी की दुकान पर हर शाम कुछ शायर इकट्ठे होते थे। नौजवान अब्दुल हमीद भी यहाँ एक ख़ामोश श्रोता बन कर बैठ जाता। यहीं कभी-कभी मौलाना गिरामी[1] भी तशरीफ़ ले आते और अपने श्रद्धालुओं के अशआर सुनकर इसलाह देते। ऐसी

---

1. मौलाना गिरामी जालंधर में जन्मे फ़ारसी के शायर थे जिन्हें अल्लामा इक़बाल ने 'अंजुमन हिमायत-ए-इस्लाम' के एक जलसे में उर्फ़ी और नज़ीरी (दोनों फ़ारसी के महान कवि) का मसील (समान) करार देते हुए कहा था कि "आज इस शायर-ए-बा-कमाल को अपने दरमियान देख लो। कल तुम इस बात पर फ़न करोगे कि हमने उसे अपनी आँखों से देखा था।"

ही एक महफ़िल में अगले हफ़्ते होने वाले तरही मुशायरे[1] की ग़ज़लें सुनाई जा रही थीं। तरह-मिसरा था :

डाली-डाली पर बना लो आशियान-ए-आरज़ू[2]

सब शायर अपना-अपना कलाम सुना चुके तो मौलाना गिरामी ने हमीद की तरफ़ देखा। वे हमीद को उसके मामूँ जान ग़ाज़ी रहमतुल्लाह मरहूम[3] के वास्ते से पहचानते थे। पूछा : "कहो मियाँ, तुम भी शेर कहते हो?" हमीद ने झिझकते हुए जवाब दिया : "जी, शौक़ तो है। इसी तरह पर मैंने भी चंद शेर लिखे हैं।" फ़रमाया गया : "हमें भी तो सुनाओ।" हमीद ने शरमाते हुए चंद शेर सुनाए और आख़िर में एक मिसरा पढ़ा जिसका पहला मिसरा अभी लिखा नहीं गया था। मिसरा ये था :

बर्क़-पाशी[4] कर रहा है आसमान-ए-आरज़ू

मौलाना ने नौजवान हमीद को शाबाशी दी और साथ ही इस मिसरे को पहला मिसरा लगा कर उसे मक़ता[5] बना दिया। पूरा शेर इस तरह हुआ :

पंबा-ज़ार-ए-ज़िंदगी[6] को ये जला देगा हमीद
बर्क़-पाशी कर रहा है आसमान-ए-आरज़ू

और यूँ आठवीं जमात का एक विद्यार्थी अपने वक़्त के 'शहनशाह-ए-मआनी'[7] से दाद पाकर प्रोत्साहित हुआ।

एक रोज़ अब्दुल हमीद के दिल में ख़याल आ गया कि वो अब्बा जान की अल्मारी खोलकर उन किताबों को देखे जो न जाने कब से अन्दर बन्द पड़ी हैं। उसने अकेले में अलमारी खोली। उसे ये देखकर तसल्ली हुई कि किताबों में कई कविता संकलन भी थे। 'तो अब्बा जान को शायरी का भी

---

1. सन् 1960 तक तरही मुशायरों का बहुत रिवाज था। काव्य क्षमता (जिसे पंजाब में व्यंग्य से कवीशरी कहा जाता है) के इन दंगलों को शुरू करने से पहले एक मिसरे (पंक्ति) की घोषणा कर दी जाती थी। कवियों से कहा जाता था कि वे इस मिसरे पर ग़ज़लें लिखकर लाएँ और मुशायरे में पढ़ें। ऐसे मिसरे को मिसरा-ए-तरह कहते हैं। यह मिसरा हमेशा शेर का दूसरा मिसरा होता है। उस पर पहला मिसरा लगाने को 'गिरह लगाना' कहते हैं। एक ही मिसरे पर यानी एक ही ज़मीन में जब कई शायर ग़ज़लें कहते थे तो बड़े बारीक नुक्ते निकलते थे 2. मनोकामना का घोंसला 3. ग़ाज़ी साहिब जालंधर के जान-ए-माने राजनैतिक नेता और क़ौमी शायर थे। जवानी ही में देहांत हो गया 4. बिजली गिराना 5. ग़ज़ल के अंतिम शेर को मक़ता कहते हैं 6. अशक्त रुई सा जीवन 7. अर्थ-सम्राट।

शौक़ है?' उसने अपने दिल में कहा और उसी लम्हे उसके दिल में एक आरज़ू मचलने लगी, 'क्यों न मैं इन शेरी मजमूओं को अपनी अलमारी में रख लूँ।' अब्बा जान की अलमारी में से शायरी की किताबें निकाल कर उसने अपनी अलमारी में बन्द तो कर दीं मगर दिल में बार-बार ये सवाल सर उठाता था कि अगर उन्होंने पूछा कि मेरी किताबें अपनी अलमारी में क्यों रख ली हैं, तो क्या जवाब दूँगा? कई दिनों तक अब्दुल हमीद ने हर तरह से अपनी शायरी को वालिद से छुपाया लेकिन फूलों की ख़ुशबू को कभी दीवार-ए-चमन भी रोक सकी है? अब्दुल हमीद को पता चल गया कि अब्बा जान उसका भेद जान चुके हैं। वो परीशान हो गया। एक जुर्म तो ये कि वो उनकी किताबें चुरा लाया था और अब फिर काव्यप्रेम जैसी ग़ैर-ज़िम्मेदाराना हरकत। एक शाम वालिद घर में आए तो बेटे को बुलवा भेजा। बेटे ने दिल में सोचा, अब्बा जी यक़ीनन डांटेंगे, डपटेंगे। वो लरज़ता, काँपता उनके सामने जा पहुँचा। उन्होंने पूछा, "मैंने सुना है तुम शेर कहते हो।" "जी, हाँ, अब्बा जान वो..." अब्बा जान मुस्कराने लगे। "देखो बेटा, ये बयाज़ मैं तुम्हारे लिए लाया हूँ," अब्बा जान ने एक बड़ी ख़ूबसूरत ज़िल्द वाली बयाज़[1] अब्दुल हमीद की तरफ बढ़ाते हुए कहा, "इसमें अपने शेर लिखा करो।"

हमीद जालंधरी की शायरी उसके लिए शोहरत का ज़रिया बिलकुल न थी। अगर ऐसा होता तो वो जो कुछ कहते उसे छुपाकर न रखते। महफ़िलों में ज़िक्र करते फिरते, अख़बारों और रिसालों में छपाते। लेकिन चौधरी साहिब को छपने का शौक़ ही नहीं। यारों-दोस्तों के बहुत कहने पर शाम-ए-सहरा (ग़ज़लों, नज़्मों और क़तआत का संग्रह) प्रकाशित करवाया तो फ़ैज़ अहमद फ़ैज़ ने लिखा था : हमीद साहब का मजमूआ-ए कलाम[2] 'शाम-ए-सहरा' किसी तरफ़दारी का मोहताज नहीं। अगर उनसे कोई शिकायत हो सकती है तो यही कि उन्होंने इसे छपाने में इतनी देर क्यों की। मैं समझता हूँ कि देर-आयद-दुरुस्त-आयद[3] का मुहावरा किसी मुझ जैसे काहिल आदमी ने ईजाद[4] किया होगा। वर्ना यूँ भी होता है कि वक़्त बदलने से बहुत-सी क़ाबिल-ए-क़द्र[5] चीज़ों की क़द्र-ओ-क़ीमत में फ़र्क़ आ जाता है। ख़ुश-क़िस्मती से पाकीज़ा[6] और संजीदा[7] शायरी पर ये बात सादिक़ नहीं आती। यही पाकीज़गी और संजीदगी हमीद साहिब की शायरी में है। उनके फ़िक्र-ओ-जज़्बा[8] में

1. वह कॉपी जिसमें कवि हाथ से लिखता है 2. कविता संग्रह 3. सुबह का भूला अगर साँझ को घर आ जाए तो उसे भूला नहीं कहते 4. आविष्कार 5. प्रतिष्ठा के योग्य 6. शुद्ध 7. संतुलित, गम्भीर 8. विचार और भावना

कोई उलझाव नहीं, इज़हार-ओ-आहंग[1] में कोई झोल नहीं। यकसाँ मौज़ू[2], मुतवाज़िन[3] और माक़ूल कलाम है।

पूरा नाम : चौधरी अब्दुल हमीद, जन्म : 20 अप्रैल, 1913, जालंधर में। इस्लामिया कॉलेज लाहौर से 1932 में बी.ए. किया। फिर अलीगढ़ चले गए। अलीगढ़ यूनिवर्सिटी से पहले फिलासफ़ी में, फिर 1935 में फ़ारसी में एम.ए. किया। कुछ दिनों बाद काबुल चले गए और वहाँ 1945 तक फ़लसफ़ा पढ़ाया। जब भारत से अलग देश पाकिस्तान बनाने के आंदोलन ने जोर पकड़ा तो हमीद वापिस देश लौट आए, क़ाइद-ए-आज़म जिन्ना के समर्थकों में शामिल हो गए। पाकिस्तान बनने पर लाहौर में 'मकतबा कारवाँ' के नाम से प्रकाशन शुरू किया जो आज लाहौर के बड़े प्रकाशन संस्थानों में से एक है।

---

1. अभिव्यक्ति और लयात्मकता 2. जँचा-तुला 3. संतुलित

1

डूबता देख के तूफ़ाँ में सफ़ीना अपना
दोस्त आए हैं कि ठंडा करें सीना अपना

छोड़कर शह्र को जंगल में गुज़ारे सावन
साल भर में है यही एक महीना अपना

चार-सू गूँज रही है ये सदा बस्ती में
रहियो हुश्यार कि दुश्मन है कमीना अपना

तुम वो मुख़्तार[1] कि मुर्दों को जिला देते हो
हम वो मजबूर कि मरना है न जीना अपना

कोई सुनता नहीं दुनिया में फ़ुग़ान-ए-दरवेश[2]
वही दावर[3] है कि हक़ जिसने है छीना अपना

क्या मिलेगा हमें उस महफ़िल-ए-मय से कि जहाँ
जाम अपना है, न ख़ूँ अपना, न मीना अपना

रह गई पास फ़क़त दौलत-ए-इख़लास[4] हमीद
बह गया सैल-ए-हवादिस[5] में दफ़ीना[6] अपना

1. अधिकर्ता 2. भिक्षुक या संन्यासी की दुहाई 3. न्यायकर्ता, ईश्वर 4. निश्छलता की दौलत
5. दुर्घटनाओं की बाढ़ 6. गड़ा हुआ ख़ज़ाना

2

वहाँ फूलों की बारिश है यहाँ पत्थर बरसते हैं
ये अपनी-अपनी क़िस्मत है कि हम रोते वो हँसते हैं

मुसीबत में कभी ऐसा भी वक़्त आता है इंसाँ पर
निवाले, हल्क़[1] में जब संग-रेज़े[2] बन के फँसते हैं

हमें पहुँचे हैं अपने दोस्तों से इस क़दर सदमे
कि दुश्मन भी हमारे हाल पर आवाज़े कसते हैं

कभी हर रंज-ओ-राहत का असर महसूस करते थे
मगर अब हम पे क्या बीती कि रोते हैं न हँसते हैं

ग़ुबार-ए-ख़ातिर-ए-नाशाद[3] धुल जाता है अश्कों से
फ़ज़ा[4] शफ़्फ़ाफ़[5] हो जाती है जब बादल बरसते हैं

ख़ुदा महफ़ूज रक्खे क़स्र-ए-सुल्तानी[6] के गुंबद से
कि उसके साये में इनसान को इनसान डसते हैं

कभी ऐ काश! हमसे भी मिलें वो ख़ंदा-रू[7] हो कर
सुना है ये बुज़ुर्गों से कि घर हँसते ही बसते हैं

कभी रौनक थी जिनके दम-क़दम से बज़्म-ए-हस्ती में
अब अपने दीदा-ओ-दिल उनकी सूरत को तरसते हैं

कलेजा मुँह को आता है जो उनको याद करता हूँ
मेरे अहबाब या-रब कौन सी दुनिया में बसते हैं

---

1. गला 2. पत्थर के टुकड़े 3. दुखी मन का ग़ुबार 4. वातावरण 5. स्वच्छ 6. राजभवन
7. जिसके चेहरे पर मुस्कुराहट रहती हो

3

आ के वो मुझ ख़स्ता-जाँ[1] पर यूँ करम फ़रमा गया
कोई दम बैठा, दिल-ए-नाशाद[2] को बहला गया

कौन ला सकता है ताब उसके रूख़-ए-पुरनूर की
जिस तरफ़ से होके गुज़रा बर्क़ सी लहरा गया

आँख भर कर देख लेना कुछ ख़ता ऐसी न थी
क्या ख़बर क्यों उनको मुझ पर इतना ग़ुस्सा आ गया

फिर गई इक और ही दुनिया नज़र के सामने
बैठे-बैठे क्या बताऊँ क्या मुझे याद आ गया

यक-ब-यक मग़मूम[3] के चेहरे पे रौनक़ आ गई
कौन जाने आँखों-आँखों में वो क्या समझा गया

यूँ तो हमने भी उसे देखा है लेकिन ऐ हमीद
जाने तुझको कौन सा अंदाज़ उसका भा गया

4

जा के उनके सामने भी दम-ब-ख़ुद[4] रहता हूँ मैं
कब किसी से अपने दिल की आरज़ू कहता हूँ मैं

जैसे दीवाने को इक मौहूम[5] शय की हो तलाश
गाँव के रस्तों में उनको ढूँडता रहता हूँ मैं

जिस गुलिस्ताँ में तुम्हारी सैर-गाहें थीं कभी
अब भी उसके रास्तों में घूमता रहता हूँ मैं

---

1. जिसका मन दुखी हो 2. दुखी दिल 3. दुखित 4. चुप 5. भ्रमात्मक

ज़िंदगी है एक तूफ़ाँ और इस तूफ़ान में
जिस तरफ़ ले जाएँ मौजें उस तरफ़ बहता हूँ मैं

गिरया-ओ-ज़ारी[1] नहीं शायान-ए-हिम्मत[2] ऐ हमीद
मुश्किलों को सब्र-ओ-इस्तिक़लाल[3] से सहता हूँ मैं

5

हदीस-ए-दीगराँ में दर्द-ए-दिल का माजरा कहिए
कभी उनसे कोई अफ़साना-ए-मेह्र-ओ-वफ़ा कहिए

हुज़ूर-ए-हुस्न[4] हुस्न-ए-ज़न[5] ही अक्सर काम आता है
अदावत[6] की नज़र भी हो तो उसको एतिना[7] कहिए

वो बेगानावशी[8] उसकी जो पहले थी सो अब भी है
मगर जी चाहता है फिर भी उसको आशना कहिए

लिये फिरते हैं हम सीने में इक तूमार बातों का
न हों जब मुल्तफ़ित[9] ही वो तो जा कर उनसे क्या कहिए

हुज़ूरी[10] हो कि दूरी; बस हमें ये फ़िक्र रहती है
उन्हें लिखिए तो क्या लिखिए उन्हें कहिए तो क्या कहिए

सदाक़त[11] ला नहीं सकती है ताब-ए-मसलेहत-कोशी[12]
जो कुछ कहना हो बेबाकाना[13] कहिए, बरमला[14] कहिए

जो सर पर आई सह गुज़रे मगर ऐ वाए मजबूरी
तक़ाजा है कि अब उनकी जफ़ा को भी वफ़ा कहिए

---

1. रोना-धोना 2. साहस के लिए उचित 3. धीरज और दृढ़ता 4. प्रेमिका के सामने 5. किसी की ओर से अच्छा ख़याल 6. दुश्मनी 7. दया, सहानुभूति 8. बेगानों की तरह रहना, मेल-जोल न रखना 9. आकर्षित 10. उपस्थिति 11. सच्चाई 12. हित की कोशिश करने की शक्ति 13. निडरता के साथ 14. सामने, खुल्लम खुल्ला

हमीद-ए-बेनवा[1] हो जाएगा ख़ुद ही सुख़न-पैरा[2]
मगर शेर उसके सुन कर आप भी तो मरहबा[3] कहिए

6

मुंतज़िर अब्र-ए-करम का है बियाबाँ अब तक
इस तरफ़ आई नहीं बाद-ए-बहाराँ अब तक

जमघटा रहता था अहबाब का हर शाम जहाँ
फिरते हैं चश्म-ए-तसव्वुर[4] में वो मैदाँ अब तक

मुद्दतें गुज़री मगर आज भी याद आते हैं
वो लब-ए-आब, वो सहरा, वो गुलिस्ताँ अब तक

तुमने जिस कुंज-ए-चमन में कभी छेड़ी थी ग़ज़ल
रक़्स करती हैं वहाँ रात को परियाँ अब तक

लिये फिरती थी जहाँ मुझको मेरी तन्हाई
याद आते हैं वो सुनसान बियाबाँ अब तक

तेरे जलवों से मुनव्वर है शबिस्तान-ए-विसाल[5]
तेरी ख़ुशबू से मुअत्तर है गुलिस्ताँ अब तक

तेरे परतौ[6] से दरख़्शाँ है तेरी राहगुज़ार
कहकशाँ[7] बन के चमकते हैं, ख़ियाबाँ[8] अब तक

उम्र गुज़रे पे भी मंज़िल से अभी दूर हूँ मैं
राह तकती है मेरा गोर-ए-ग़रीबाँ[9] अब तक

---

1. दरिद्र हमीद 2. कविता सजाने और सँवारने वाला 3. धन्य, शाबाश 4. कल्पना की आँख
5. मिलन का स्थान 6. आभा, छाया 7. आकाशगंगा 8. क्यारी, उद्यान 9. कब्र, ग़रीब की

ख़्वाब से उठ के भी महसूस ये होता है कि
है मेरे हाथों में तेरा गोशा-ए-दामाँ[1] अब तक

आज तुम फिर मुझे वादों से लुभाने आए
याद हैं मुझको वो टूटे हुए पैमाँ अब तक

सोचता हूँ मेरे हम-सैर[2] कहाँ जा सोए
सहर-ओ-शाम के जलवे हैं ज़रअफ़शाँ[3] अब तक

चश्म-ए-बद-दूर[4] कि इस शह्र-ए-ग़रीबाँ में हमीद
मिल ही जाती है तुझे सोहबत-ए-याराँ[5] अब तक

7

अहबाब पूछते हैं मेरा हाल-ए-ज़ार क्या
उजड़े हुए चमन की ख़ज़ाँ क्या बहार क्या

जाते हुए जहान से आता है ये ख़याल
होगा न इस तरफ़ से फिर अपना गुज़ार[6] क्या

ज़िंदाँ[7] मिला है दश्त-ए-बला[8] में चमन से दूर
आएगी अब न कान में सौत-ए-हज़ार[9] क्या

करते रहेंगे हम यही बे-रब्त[10] गुफ़्तगू[11]
कहते रहेंगे आप यूँही बार-बार 'क्या'

ख़ुशबू वतन की लाई है साथ अपने बाद-ए-सुब्ह[12]
करते हैं याद हमको वो शह्र-ओ-दयार क्या

---

1. दामन का कोना 2. साथ सैर करने वाले 3. सोना बरसाने वाला 4. तुम्हें बुरी नज़र न लगे 5. मित्रों की संगत 6. गुज़र यानी जाना के अर्थ में (यह प्रयोग मीर और सौदा की भाषा जैसा है।) 7. कारागार 8. भयानक जंगल 9. आवाज़ें, हज़ारों आवाज़ें 10. असंबद्ध बेमेल 11. बातचीत 12. सुबह की हवा

सौ बार जिसके वादों को हम आज़मा चुके
उसकी तसल्लियों का करें एतिबार क्या

हम लोग दश्त-गर्द[1] हैं सहरा-नवर्द[2] हैं
क्या जानें हम कि बाग़ है क्या और बहार क्या

हम तेरी रहगुज़ार से बैठे हैं जा के दूर
दिल से तेरे गया नहीं अब तक ग़ुबार क्या

होता है इश्क़ का यही अंजाम ऐ हमीद
रोता है घर में बैठ के अब ज़ार-ज़ार[3] क्या

8

जिसे आफ़ियत[4] की तलाश थी वही आफ़तों का शिकार था
जिसे तख़्त-ओ-बख़्त[5] पे नाज़ था, वही सर यहाँ सर-ए-दार[6] था

मेरे गर्म-ओ-सर्द[7] थे मुन्हसिर[8], तेरे कैफ़-ए-चश्म पे सर-ब-सर
तेरा जौर[9] बाद-ए-तमूज़[10] था, तेरा लुत्फ़[11] अब्र-ए-बहार[12] था

मेरे ग़मकदे में भी थी कभी, रुख़-ए-जाँ-फ़रोज़ की चाँदनी
मेरी ख़लवतों के सुकूत[13] में लब-ए-यार ज़मज़माबार[14] था

वो शबाब-ओ-शौक़ की गर्मियाँ, तेरे दम-क़दम से थीं मेहरबाँ
तेरी राह जादा-ए-कहकशाँ[15], तेरा शह्र शह्र-ए-बहार था

मुझे याद हैं वो कहानियाँ, हमा-ज़ौक-ओ-शौक़ जवानियाँ
वो ज़मान-ए-ऐश-ओ-नशात था कि नुमूद-ए-बर्क-ओ-शरार[16] था

---

1. जंगलों में मारा-मारा फिरने बाला 2. जंगलों की छानबीन करने वाला 3. फूट-फूटकर (रोना) 4. सुख, शान्ति 5. सिंहासन या राज्य और भाग्य 6. सूली पर 7. दुनिया का अच्छा और बुरा 8. निर्भर 9. अत्याचार, अनीति 10. जेठ-बैसाख की गर्म हवा 11. करुणा, दया 12. वसंत की घटा 13. मौन 14. मुखर, बोलता हुआ 15. आकाशगंगा का रास्ता 16. बिजली और चिंगारी का प्रकाशित होना

मेरा काम था तेरी जुस्तजू, तुझे ढूँडता था मैं कू-ब-कू
तू अमीर-ए-मजलिस-ए-रंग-ओ-बू,[1] मैं फ़क़ीर-ए-राहगुज़ार था

ये अजीब सूरत-ए-हाल[2] थी कि मुहाल[3] शक्ल-ए-विसाल थी.
मेरा गाँव नद्दी के इस तरफ़, तेरा गाँव नदी के पार था

लिये दिल में यास-ओ-उम्मीद को, है तड़प रहा तेरी दीद को
कोई वक़्त था कि हमीद को तेरी बज़्म-ए-ख़ास में बार[4] था

9

वो जिसके सामने आया वही मह्व-ए-तमाशा था
सभी हैराँ थे उसको देखकर वो इतना प्यारा था

मुझे उस अजनबी को देखकर ऐसे लगा जैसे
हज़ारों साल पहले वो कहीं मेरा शनासा था

तआरुफ़[5] तक न होने पर भी था वो मुलत्फ़ित[6] इतना
मैं जब भी उसकी जानिब देखता, वो मुस्कुराता था

खिंचा जाता था दिल उसकी तरफ़ बेसाख़्ता, लेकिन
ख़बर ये भी न थी वो बर्क़-सीमा[7] कौन था, क्या था

यही जी चाहता था उसको हर दम देखते रहिए
वो कितना शोख़ था, कितना हसीं था, कितना राना[8] था

वो मेरी ज़िंदगी में इस तरह आया कि मैं समझा
शब-ए-बेमाह[9] में ख़ुर्शीद[10] ने जलवा दिखाया था

---

1. फूलों की सभा का सरदार 2. स्थिति 3. कठिन, असम्भव 4. पहुँच 5. परिचय 6. आकृष्ट 7. बिजली जैसे ललाट वाला 8. सुन्दर 9. बिना चाँद की रात, यहाँ शायद अमावस की ओर इशारा है 10. सूरज

अजब दिन थे अजब रातें, अजब-तर थीं मुलाक़ातें
वो आया तो ज़माने में उजाला ही उजाला था

बज़ाहिर मुझको उससे रब्त[1] ही कोई न था लेकिन
मेरी हालत बदल जाती, वो जब महफ़िल में आता था

मुझी को ताकती थीं क्यों निगाहें ग़ौर से उसकी
मैं इक मजज़ूब[2] वो महबूब, मैं अदना[3] वो आला[4] था

मुसाफ़िर बन के आया था उसे जाना ही था आख़िर
मगर जब वो गया तो बज़्म में हर शख़्स तन्हा था

हमीद अब ढूँडता फिरता हूँ जिसको दश्त-ओ-सहरा में
कभी इक ख़्वाब-ए-रंगी बन के इस बस्ती में आया था

10

कभी अपनों की यूरिश[5] थी कभी ग़ैरों का रेला था
तेरे मिलने की ख़ातिर हमने क्या-क्या दुख न झेला था

मेरे अहबाब क्या बे-वक़्त मेरे पास आ बैठे
घटा घनघोर थी, वो अपने कमरे में अकेला था

हमारा हाल तन्हाई में पुरसाँ[6] ही न था कोई
वो जिस महफ़िल में जाते थे वहीं यारों का मेला था

मुहब्बत की जुनूँ-अंगेज़ियों से हम भी वाक़िफ़ हैं
जवानी में जवानो! हमने भी ये खेल खेला था

---

1. लगाव, संबंध 2. वह फ़कीर जो देखने में बावला लगे पर दरअसल ब्रह्मलीन हो 3. तुच्छ
4. सर्वश्रेष्ठ 5. हमलावर भीड़ 6. पूछने वाला

उधर वो थे कि थी इक दौलत-ए-बेदार पास उनके
इधर हम थे कि अपनी जेब में पैसा न धेला था

हुई मुद्दत कि उनको ख़्वाब में भी अब नहीं देखा
मैं जिन गलियों में अपने दोस्तों के साथ खेला था

जवानी में हमारी तुंद-ख़ूई[1] एक आफ़त थी
हमारे दम से हर महफ़िल में झगड़ा था झमेला था

हमीद उस चाह-ए-ग़म[2] से आज तक बाहर नहीं आया
अज़ीज़ों ने उसे मुद्दत हुई जिसमें धकेला था

11

नज़दीक हो के मिल न सके जब किसी से हम
देखा कि ये ब-दीदा-ए-नम[3] दूर ही से हम

तंग आ चुके हैं बे-ग़म-ए-दिल ज़िंदगी से हम
जी चाहता है इश्क़ करें अब किसी से हम

मंज़िल कोई हो जाते हैं इक रहगुज़ार से
रखते हैं रब्त-ए-ख़ास[4] कोई उस गली से हम

हासिल नहीं फ़राग़[5] अभी अपने आप से
वारस्ता[6] हैं किसी की बुरी या भली से हम

मुख़लिस[7] अगर हों दोस्त तो उनके ग़ुलाम हैं
कज-ख़ुल्क़[8] हों तो मिलते हैं फिर ख़ुदसरी[9] से हम

1. तीव्र स्वभाव 2. दुख का कुआँ 3. भीगी आँखों से 4. विशेष संबंध 5. फ़ुर्सत 6. निश्चित
7. निश्छल 8. खुर्रा, रूखा 9. उद्दंडता, उजड्डपन

किस दिलजले की रूह भटकती है दश्त[1] में
सुनते हैं किस जहाँ[2] की सदा बाँसुरी[3] से हम

जिसने क़दम-क़दम पे दिये सैकड़ों फ़रेब
मंज़िल की राह पूछ रहे हैं उसी से हम

जी तो उचाट हो ही गया बाग़-ए-दह्र[4] से
अब जी में है यही कि गुज़र जाएँ जी से हम

तू ख़ुद भी जा के उनका तरफ़दार बन गया
बाज आए नामाबर! तेरी नामाबरी से हम

अक़्ल-ओ-ख़िरद से ग़म का मुदावा न हो सका
कुछ रोज़ ख़ुश हुए भी तो दीवानगी से हम

हर चंद उम्र भर शग़फ़[5] इससे रहा हमीद
कुछ फ़ैज़[6] पा सके न मगर शायरी से हम

क़त्आत

दब रही है नौजवाँ दहक़ान के सीने में आग
जिसके शोले आ रहे हैं उसके लब पर बन के राग
चाँदनी रातों में सोतों को जगाने के लिए
जोग से फ़ारिश जो हो तो छेड़ देता है बिहाग

कितने ठाठ-बाट से आए आख़िर को बदनाम गए
नाज़ी बन कर आने वाले गए तो नाफ़रजाम गए
हिटलर मसोलीनी और नासिर, इसकंदर, यहया, अय्यूब
बोल रही है दुनिया : आमिर सबके सब नाकाम गए

---

1. जंगल 2. संसार 3. आवाज़ 4. युग का बाग़ 5. रुचि 6. लाभ

इस देस में कोयल की सदाएँ नहीं आतीं
उमड़ी हुई घनघोर घटाएँ नहीं आतीं
बंगाल के जाने से ये क्या हाल हुआ है
भीगी हुई मस्ताना हवाएँ नहीं आतीं

किस ख़राबे में आ गया हूँ मैं
जिसमें बाद-ए-सबा नहीं आती
हर तरफ़ शोर है मशीनों का
बाँसुरी की सदा नहीं आती
मशीनों का नहीं आती

जीवन-नदी जंगल-जंगल बस्ती-बस्ती बहती है
साहिल के हर मोड़ पे रुककर एक कहानी कहती है
नए दिनों का गए दिनों से रब्त कुछ ऐसा है जैसे
पंछी बैठ के उड़ जाए तो टहनी हिलती रहती है